常勝チームを作った
最強のリーダー学

青森山田高校サッカー部監督
黒田 剛 Go Kuroda

エパブリック

はじめに

リーダーの仕事とは、組織を「改革」「成長」「発展」させることだ。

人によっては、「うちは改革をする必要はない。現状維持で問題ないし、みんなが楽しく仲良く仕事をできればいい！」と考えているかもしれない。

だがそれは、あくまで安定した組織の考え方だ。

もしくは、経営者やオーナー、社長やトップから、立場としてそこまでの改革を求められていない場合や、その程度の信頼度や期待度なのかもしれない。

向上心のないリーダーに何かを求めても、期待には応えてもらえないことを熟知した上で、あえて必要最低限のマネジメントだけを任されているということもある。

いずれにしても、**それはリーダーとはいえない。**

そもそも、リーダーの仕事は、ただ与えられた作業を的確にこなすことではない。もし改革を推進するにあたり、誰に恨まれることもなく、多くの人に好まれる行動をとり、誰もが望む居心地のいい組織にしたいのであれば、それはリーダーではなく、仲良しピクニックや修学旅行の班長レベルだろう。

組織が一つの目標を掲げたとき、目指すものや、獲得したいものが大きければ大きいほど、リーダーは苦悩やストレスと背中合わせとなる。よって絶対的な覚悟を決めて挑んでいかなくてはならない。決して楽で甘い任務ではないのだ。

ゆえに、リーダーの生活というのは必然的に以下のようになってしまうもの。「つねに発展させる方法を考えている」「いつも『成功の種』を探している」「いつでも実行やチャレンジの準備がある」「どんなことでも解決させるアイデアや提案を持っている」等々……。

リーダーの生活習慣とは、そんなものなのだ。

その実行やチャレンジに対して、肝心なときに手を抜いて、苦しいときに妥協をしてきた個人、またそれを許し見逃してきた組織やチームは、目標を達成する前に自滅したり、限界に辿り着いて涙を流さなければならないだろう。

そして「後悔」という二文字が、永遠に取り戻すことのできない事実として、一生付きまとっていくことになるのだ。

そんなときに味わう「後悔」というのは、大きな挫折や辛い状況になってみて初めて気付かされるものでもある。

「あのとき、もっと真面目に集中してやっておけばよかった」などと嘆いても、もうこれは通用しないということだ。

これが**勝てない組織の悪しき習慣であり、負け続ける組織の典型**といえよう。

では、私が青森山田高校サッカー部の監督、リーダーとして実際に心がけていること、その目的や手段とはどんなことだろうか。

それは、指導者として、教育を通して生徒たちの人間形成を確立し、ともに戦う仲間を支え、支えられながら、この目まぐるしく変化していく現代社会の中で、個性豊かに生き抜くための「精神力」や「行動力」を育成していくことだ。

チームを常に勝利に導くことで見えてくる「勝者の習慣」「勝者のメンタリティー」を会得させること。

また、両親はもちろん、自分の人生に関わってくれるすべての人たちに感謝の心をもてる、そんな素直で誠実な人間に成長してもらいたいのだ。

それが結果的に、いつも応援してくれる青森県の方々に勇気や感動を与えることとなれば、それが最高の喜びであり、地域の活性化に繋がると思っている。


これまでに本校サッカー部の指導方針や全国大会での成績が評価され、二〇一〇年には「東奥スポーツ大賞」「青森県特別優秀スポーツ指導者賞」、そして二〇一四年には「文部科学大臣優秀教職員表彰」、二〇一六年には「東奥スポーツ特別大賞」「青森県褒賞」「青森市長特別賞」（共に二〇一九年も受賞）、二〇一七年には「青森県民栄誉特別賞」「青森県スポーツ指導者特別栄誉賞」等々、数々の賞をいただいた。

豪雪地帯の青森県で、しかもサッカーという屋外スポーツで結果を出すことは、長年不可能だと言われ続けてきた。

だが、前向きな思考と取り組み方によっては可能だということを、二〇一六年、二〇一八年、二〇一九年の全国制覇という結果をもって証明できたと思う。

本書では、とくに「リーダー」というテーマに絞って、私が組織を強くするためにどのような観点から思考し、行動しているかを書かせていただいた。

私は年に幾度も、経営者研修会や講習会で講演を依頼され、組織マネジメントや人材育成に関するお話をさせていただくことがある。

そして講演後には、「非常に参考になった」「現場の生きた声に共感できた」「自分の会社にも繋がる話だ」というありがたいお言葉をいただくことが多い。

私の現場における思考は、決して高校サッカー部の運営だけに適用されるものではなく、その種類や大きさにかかわらず、あらゆる組織作りに共通したものだと実感している。

つまり、本書は組織やチームを率いている、またはこれから率いることになったリーダーにとって、極めて普遍的な内容となっていると感じている。

冬の風物詩、全国高校サッカー選手権大会は、多くの人たちの心を動かす歴史ある大会だ。

本校の選手たちもまた、観ている人たちに「希望」や「勇気」「感動」を与えるほどまでに、日々計り知れない努力をしてきていると胸を張って断言できる。

彼らの努力に報いるためにも、リーダーとしての仕事を決して妥協することなく全うしなければならないといつも感じている。

二〇一九年一二月　黒田剛

ブックデザイン：ISSHIKI
カバー写真：小林洋
編集協力：名久井梨香
編集：岩崎輝央（百六十度）

CONTENTS

第2章 リーダーに一番大切なスキルとは？

第3章 結果を出すリーダーになるには？

第4章

リーダーが陥りやすい間違いや勘違いとは？

終章

あらゆる組織を改革する

第1章

リーダーの仕事で最も大切なことは？

「結果よりもプロセスが大切」は、「結果は出せません！」のメッセージだ

ここでは、あなたがリーダーのポジションに就いたときにまずやることを伝えたい。

それは、**「組織の目標や目的を明確にし、ビジョンを描くこと」**だ。

なぜなら、リーダーの仕事で最も大切なことは、組織の目標を達成すること、つまり**「結果を出すこと」**だからである。


解説していこう。

「結果を出すことが最も大切だ」と言うと、たまに、「結果よりもプロセスのほうが大切である」と言う者もいる。

プロセスが大切なことは誰もが理解している。

しかし、結果を出せなかったときに言うセリフにはしてほしくない。

周囲からは結果が伴っていないことへの言い訳に聞こえ、現実逃避にしか映らないだろう。

そもそもプロセスなんてものは、すべての人にあるもの。

結果のないプロセスなど、自己満足であり、あまり意味を持たないのではないだろうか。

例として、「彼はいい指導者だけど、チームを勝たせることはできないよね」とか、

「プロ選手を何人かは出したかもしれないけど、チームは勝たせられないよね」と皮肉を言われているのと同じだ。

リーダーは常に結果を追求し続けなければならない。**結果を得ることに対し、揺るぎない「欲」が薄れたときは、リーダーを辞めるときだ**と認識すべきである。

結果を出すためには、まずは**目標を設定する**必要がある。

ちなみに、青森山田高校サッカー部においては「全国制覇」が絶対的な目標となっていて、これは揺るぎない拘りだ。

そして私個人としては、全国で勝つことはもとより、チームから多くのJリーガーを輩出し、将来の日本代表を生み出すことも念頭において指導している。

よって人間教育は絶対に欠かすことはできないし、避けて通ることはしない。

目標を設定するために、一般企業の場合であれば、最初に「自分の担当する部署は、一体何を求められているのか」を整理し、明確にするところから始める必要があるだろう。

そうやって目標を設定したら、**その目標を達成するために一人ひとりがどのように動けばいいのかを、具体的戦略にもとづき、「目標から逆算して」積極的に動いていくことが重要**である。

そして、それを**組織全体で共有していく**ことが大切なのだ。

設定した目標を紙に書いてオフィス内に張り出して、朝礼で売上目標を部署内で漠然と共有している会社がある。よくある光景だ。

私には無駄な時間のように感じてしまう。

はたしてそうやって目標だけを共有したことによって、具体的に根拠を持って動けるようになるのだろうか。

仮に、ただ漠然とやみくもに働いて目標達成できたとしても、それは意図的根拠がなく、再現性がない。

たまたま何かのタイミングが重なって、売上が良かっただけのことだ。

失敗しても成功しても、振り返ったときにその原因や要因がわからないのであれば、それは組織にとって好ましいことではない。

そんな組織が、継続的に大きな成果を挙げることは難しいだろう。

また、部署内で共有するのであれば、売上目標よりも、最も成果を残しているメンバーが具体的にどんなことを思考し、推進・実践しているのか、そのやり方を共有するべきだ。

そのほうがよっぽど効率的であり、その後の他のメンバーの意欲的な行動も期待できるのではないだろうか。

結果を出している人は、根拠や説得力を持って取り組んでいることが多い。

それを謙虚に認め、聞き、学び、部署内で共有させることができれば、短期間で大きな成果が期待できるかもしれない。

しかし、部署内には必ずその能力を妬む者が現れる。

それが組織というものだ。

リーダーは、**妬む者の「根拠なきプライド」を否定せずに、柔軟な態度で従わせて**

いかなければならない。

そこで改めてリーダーの手腕が求められることになる。

リーダーの強い思いを言語に乗せて、メンバーたちの「心を動かす」ことができれば、組織は必ず良い方向に進んでいくだろう。

ただし、トップセールスの人間が、売り上げていないメンバーに向かって、「きみは○○が甘い」「◇◇の力が低すぎる」「△△の能力がない」と指摘すると、互いに角が立つことが容易に想像できる。

人間には感情やプライドがあるので、「なんだよ！　お前には言われたくない。俺だって頑張っているだろう！」「俺のほうが先輩だ！」と複雑な状況になってしまう。

そうならないためにも、**リーダーが間に入り、情報を的確に分析し、理解させ、新たな戦略を立てることで、組織が円滑にまわる**のだ。

結果を出せていない人に、**「もっと他にできたことはなかっただろうか？」**と問いかけてみるのもいい。

自らの思考や行動を振り返ったときに、他にもできたことがあったとすれば、それは一〇〇%の力が注がれていなかったことになるし、改善の対策も練れるだろう。

死に物狂いで寝る暇もないくらい努力したのに、それでも目標に達しなかったとすれば、それは努力の仕方が間違っているのであり、「努める」ための「力の方向」を修正してあげる必要がある。

このように、**仕事ができる人とできない人の行動の違いを検証することで、結果は劇的に変わる**だろう。

いずれにしても、「今日の売上目標はいくらです。頑張りましょう!」では、何の意味もない。

何も戦略がないのと一緒である。

リーダーは、描いているイメージや成功例をより具体的に、いかに戦略として落とし込めるかが腕の見せ所なのだ。

そしてリーダーは、チームの全体の「実践値」と「成果」が、自らの「評価価値」であることを認識しなければならない。

夢や目標の設定は、現実性と非現実性の整理から

青森山田には、将来プロサッカー選手になることを夢や目標に掲げて入学してくる生徒が多い。

しかし、**そういった「夢を追う」子たちの多くは、私の目には「夢を負う」ようにしか映らないことが多い。**

「掲げた夢」や「家族からの期待」が大きすぎて、負担になってしまっていることがある。また、安易な気持ちで挑戦し、のちに「現実を知る」という悪循環も日常のことである。

現実から目を背け、具体的なスキルアップや数値目標も立てず、血の滲むような努力もしないまま、いわば妄想をしているだけの選手も多くいるだろう。

つまり、**「夢の実現」に近づくための判断や行動が、まったく伴っていない**のである。

もし「プロのサッカー選手として活躍したい」という夢があるなら、そのために今、何を思考・判断し、どのように実践していかなければならないのか、自身で決断していかなくてはならないはずだ。

そして、具体的かつ根拠を持って日々実践していくことが、何よりも大切だということを知らなくてはならない。

それなのに、大きな夢は語るが、実際には何からどのように動けばいいのか、目的と手段を具体的に自分の頭で考えることなく、ただ漠然と夢を妄想し、「自分なりの頑張り」ばかりを確立する子が多いのではないだろうか。

実は**「頑張り」自体に意味はなく、周囲からの評価を上げるものではない**ということを認識しておかなければならない。

特に近年の子供たちの行動を見ていると、現実逃避することには何の抵抗もないように見える。

だからこそ、**リーダーは夢や目標を語るとき、選手が理解・実践しやすいように、手段とその根拠を明確に伝えなければならない**と思う。

人間は、心にスイッチが入らなければ、やる気は起きない。

最終的にスイッチを入れるのは自分自身の意志に限られるのだが、組織を活性化させ、固く団結させていくには、リーダーの統率力や説得力など、組織を導く「術」がもちろん重要になってくる。

組織全体に理解を促し、有効な実践に変えていく作業こそ、リーダーに最も必要なスキルだといえよう。

組織における日々の作業の中で、誰も気づくことのない細部への心配りや、また派手ではないが、小さな歯車の一パーツを動かすような地味で目立たない作業にも、それぞれがその作業に「達成感」と「充実感」を得られることが、明日へのモチベーションを生み出し、のちにそれが組織にとって大きな成果に繋がるということを忘れてはならない。

壮大すぎる目標を掲げる組織もあるが、これも良いとは言えない。

具体化されない夢物語を延々と語ることは、組織のモチベーションを削ぎ落としてしまうことも自覚すべきである。

高校サッカーチームの中でも、全国大会に出場した経験のないチームが、「全国優勝」を目標に掲げているのを目にすることがある。

それはあまりに安易な目標設定で、「空想の世界」「滑稽な発想」だということに気づかなければならないだろう。

もちろん、その目標自体は否定しないが、どのように考えたらその目標を達成しているイメージが湧くのだろうかと、疑問に思うことがある。

全国優勝という大きな夢を叶えるためには、まずはリーダーこそが、そこに至るまでに険しいステージがいくつも存在していることを、わかっていなければならない。リーダー自らの経験値もない、優勝イメージもプロセスもない、そして取り組みも甘く、犠牲心も覚悟もない組織が、全国優勝などという言葉を軽々しく口にすることは恥じなければならない。

せめて全国ベスト4くらいまで登りつめ、ベスト8やベスト16あたりのステージまで頻繁に行き来してから発言してもらいたいものだ。

「妄想」と「気合い」を前面に押し出し、猛烈に突っ走る組織ほど恥ずかしいものはないことに気づいてほしい。

現実味のない目標設定こそが、現実を理解し、真剣に取り組んでいない証拠でもある。

そのことに気づいていないことは、リーダーとして致命的な汚点となるだろう。

もしも私が、強豪校ではないサッカー部の監督に就任したら……。

まずは、選手たちの特性や性格を徹底的に観察するだろう。

選手の二四時間三六五日すべての習慣を見るのだ。

それから、できることとできないことの整理と、新たな目標設定から始めるだろう。

もちろん、チームとして実現可能なレベルの話で、意欲を掻き立てる作業もする。

このように、チーム全体の新しい「物差し」を作り上げることは、リーダーとして大いに大切な作業となる。

最初はカウンセラーのような仕事をするのも、リーダーの仕事かもしれない。

私は、**選手の将来を見据えた育成で最も重要なのは、「できることの追求」よりも、「できないことの克服」、つまり「苦手と向き合う」ことを求めていく**ことだと思っている。

できないことを減らす取り組みは、できることを増やす取り組みにも繋がる。

また、得意なことばかりを優先し、精神的にラクな選択をしていると、**現時点で通用していたものが通用しなくなったとき、それ以降のすべての成長を断念せざるを得ない**、という最悪の危機に晒される。


このようなきめ細やかなアプローチをベースに、彼らの今やるべきことを精査・整理し、実践のすべてを見直し、道筋を示していく。

そのようにして、目標に向かって嘘偽りなく努力する組織として、全員が進むべき方向を定め、結束することを全体に約束させるのだ。

一切の妥協も許さず、とことん目標に向かって邁進させていく。

選手たち自身で、「目的を達成するためにはこうあるべきだ、これは許されない」と常に意識するようになるのが理想だ。

時には、トレーニングの方向が間違っていないか、目的から逆算されたものになっているかどうか、細かくチェックし速やかに改善していくのだ。

現代の子たちの傾向として、ストロングポイントを伸ばすことに特化したトレーニングを優先的にやりがちだと私には映る。

当人はこれを「練習」と言い、「鍛錬」と呼ぶ。

「根拠のない達成感」を成長の美学として捉え、懸命に頑張っている。

しかしその作業に、ストレスや挫折感を覚えることができるだろうか。


本当の「鍛錬」とは、実に辛い作業や感情の繰り返しなのだ。

この言葉は、あえて自分に我慢や辛抱の機会を与えていこうとする強い精神に宿るものであり、決して「楽しめる時間」になることはない。

時間をかけてウィークポイントを改善、克服していくことが「真の努力」であり、それをシラミ潰しに実行した先に、プロ選手やレギュラー、または勝利への道が待っているのだ。


目標や目的は組織ごと、チームごとに違って当然だ。

たとえ青森山田という洗練された組織と同じように「全国優勝」を掲げても、選手たちの意識の高さも違えば、スキルや体力も、そして習慣もまったく異なる。

その中で、青森山田と同じ練習をやらせたところで、強いチームになるわけでも、勝ち続けるチームになるわけでもない。

それでも強いチームを作るために、強いて一つ大切なポイントを挙げるとしたら、それは**「練習内容」を真似るのではなく、「習慣内容」や「実践意識」を少しでも近づけることが重要ではないか**と思う。

我々も、二五年前の目標は「全国大会出場」だった。

そして「一回戦の勝利」だった。

そこからコツコツと実力と結果を積み上げ、「全国制覇」へと目標が高くなっていったのだ。

昔のドラマのような、ヤンキー高校に赴任してきた一人の先生が、「俺はお前たちの監督として、全国制覇を目指している。俺を信じてついてこい！」と一方的に暴走するような、そんなやり方は今の時代、ＮＧだ。

がしかし、**そんな情熱や覚悟は大切にしたい**ものだ。

その子たちに見合ったアプローチを駆使しなければ、その組織に期待する成果や結果は得られないだろう。

リーダーは積極的に責任を問われなければならない

先述したとおり、私が考えるリーダーとは、「目標を達成するための道筋を示し、仲間たちのモチベーションをコントロールし、組織を発展させていく改革者」である。

それに加えてもう一つの条件がある。

責任がとれる立場であるということだ。

いくら中心となって現場を仕切り、仲間たちを鼓舞したとしても、責任を問われない立場ならばリーダーとはいえない。

逆をいうと、責任のとれない立場でありながら、大口を叩いて偉そうに仕切ることは許されないということだ。

身を削り、自らの犠牲と引き換えに引き受ける仕事なのだ。

たとえば、プロサッカーチームにおけるリーダーとは監督であり、キャプテンではない。

キャプテンの役割は、あくまでチームを統率すること。

成績不振だからといって、責任をとってキャプテンが解任されることはないだろう。

もしそんな状況に陥ったら、首を切られるのは監督だ。

仮にキャプテンシーが全然なく、チームを統率できないキャプテンだったとしても、その選手をキャプテンに任命した責任が監督にはある。

責任をとれる立場の人間こそがリーダーなのだ。

二〇一八年ロシアW杯では、日本代表監督のハリルホジッチ氏が、大会直前に解任された。

これはメディアでも話題になり、賛否両論湧きあがった。

しかし、私の考えをくり返し述べると、組織の責任は監督がとるもの。

大会直前であろうと、チームに結束不和があるならば、責任を問われて解任されるのは仕方がない。

代表監督は選手より多くの報酬をもらっているわけで、やはりそこに責任がないとおかしい。責任は積極的に問われてほしい。

すべての責任と、批判を受ける覚悟を持って仕事を引き受けるのが、監督である。

決して人気商売ではない。

ただし、監督、つまりリーダーの立場に近いキャプテンも存在している。

たとえば日本サッカー界においては、**長谷部誠（アイントラハト・フランクフル**

ト）選手だろう。

彼は八年間、日本代表チームのキャプテンをつとめあげ、W杯に三度も出場した。

長谷部自身、自分のことをうっとうしく思っている選手たちも多いと言っていたが、**組織をよりよくしていくために仲間に嫌われる覚悟を持っていたはず**だ。

それだけでなく、監督の気持ちに寄り添いながら、監督が求めていることを選手たちに伝えていく。

そうした行動をとっていた長谷部選手は、極めてリーダーに近い存在だったと思う。

もう一人いる。女子サッカーの**澤穂希選手**だ。

彼女は、女子W杯で優勝した経験もあり、当時の監督には申し訳ないが、あの代表チームにとっては監督以上に大きな存在だったと、テレビ画面を通じて誰もが感じたのではないだろうか。

澤選手こそがリーダーだったと言っても、過言ではないだろう。

それはプレーを見ていても一目瞭然。

あのチーム統率力、そして苦しいときに点を取る。

絶対的な存在だった。

「澤さんがいたから勝つことができた」という選手たちのコメントを何度も耳にしたことがある。

少し話がずれてしまったが、高校サッカーの場合、監督は指導者であり教育者でもある。

サッカー指導の前にやらなければならない仕事が山ほどある。

我々教育者は、人を「教え」「育てる」ことに大きな責任が生じる。

日々の子供たちとの関わりは、将来を見据えたものでなければならないということである。

現代社会で求められる「問題解決」や「創造」の力を、「教育」の観点から学び、導いていかなければならないのだ。

その訓練の場として、学校があり部活動がある。

厳しい社会を生き抜く精神力、人前で堂々と自分の意見を言える発言力、どんなことにも積極的にチャレンジできる実行力など、そんなサッカーのスキルアップよりも大切なことを教えていきたいと思っている。

リーダーは孤独だが、その楽しみ方を知らなければならない

リーダーは孤独だ。

「組織が抱える問題をどう解決していこうか」
「組織をよりよくするためには、どんな言葉を掛けたらいいのか」
「どうアプローチすれば組織の空気が引き締まるのか」
「組織に向上意識を植え付けるためには何をどのように伝えればいいのか」

組織の力を最大限発揮させるために、常にこのように色々なことを考えているのがリーダーである。

いつも一人で思考し、もがき苦しんでいる時間がすごく長いように感じるものだ。

しかし、考えても考えても何が正解で、何が成功なのかはわからない。
結果が出るまでわからない怖さと背中合わせで、不安に押しつぶされそうにもなる。
孤独に思考する時間は、誰かに埋めてもらえるわけではないし、この悩みは誰かと分かち合えるものでもない。

たとえ誰かと考えを共有できたとしても、正解を与えてもらえるわけでもない。

結局、全責任を抱え決断するのはリーダー自身なのだ。

いくらリーダーとその他のメンバーががっちりとタッグを組んでいても、立場が違う以上、この苦しみを他の人間が理解できることはないだろう。

それゆえ孤独であり、もがき苦しむのだ。

これからあなたが正解のない問題をひたすら考え続け、リーダーの孤独と向き合うとき、その孤独にどうやって耐えればいいのか。

耐える必要はない。

孤独感を楽しめばいいのだ。

そして**自分の勘を信じればいい。**

これに尽きる。

私自身も、「自分の勘を信じられる自分でありたい」と、常にそう願っている。

試合がある日の朝は、必ず家の近所をランニングし、馴染みの神社で参拝している。

遠征のときも、ホテルの周辺のランニングと参拝は欠かさない。

場所によっては二カ所まわることさえある。

その後、風呂に入ったり、サウナに入ったりして心身ともに清める。

このような準備をして、自分を研ぎ澄ませていくことを楽しんでいるのだ。

すべては、**自らが思考すること、感じたことを実践していくにあたって、自分の勘を信じるための行動**として行っている。


これはあまり広めたくないのだが、毎年二月初旬に、私が訪れる神社がある。

宮崎県の霧島東神社だ。

ここは勝負の神様がいるとされる、知る人ぞ知るパワースポットである。

ここで毎年、必勝祈願をしてもらい、宮司さんの名刺をいただく。

その名刺はお守り代わりとしてスマホカバーに入れ、持ち歩くことにしている。

さらに、祈禱していただいたお神酒の芋焼酎を持ち帰り、スタッフ全員と飲むという縁起担ぎもする。

実は、はじめて霧島東神社にお参りしたとき、選手権で全国三位という結果を残せたのが、今もなお継続している要因でもある。

以来、毎年の恒例行事として参拝するようになり、それからというもの高円宮杯U

－18プレミアリーグチャンピオンシップの初優勝を皮切りに、二度の全国高校サッカー選手権大会優勝、そして二〇一九年一二月、再び高円宮杯U－18プレミアリーグファイナル（前チャンピオンシップ）の優勝を成し遂げ、全国優勝を四度も果たすことができた。

ここまで二五年間、毎日毎日、嫌になるくらい子供たちと向き合ってきた。監督として教育者として、生活指導から人間教育まで、ありとあらゆることを徹底的に指導し、管理してきた。

そしてスポーツ選手として心の鍛錬も積ませてきた。

これは紛れもない事実だ。

でも、最後の最後は神様に手を合わせる。

ここぞというときに勘が冴え、運に見放されないように。

私は神社には行くが、占いはあまり信じていないかもしれない。

しかし、「経営者ほど占いを信じる」と言われている理由はよくわかる。

すべては自分の勘を肯定したいし、運気を手に入れたいからだろう。

リーダーはそれほどまで、プレッシャーや孤独、そして不安や失敗に付帯する大きな責任と一人きりで向き合っているのだ。

もちろん、サッカー部のリーダーとして孤独な一面があったとしても、**私の人生すべてが孤独なわけではない。**

立場や責任、勝負ごとに関してわかり合えることはないとはいえ、普段はさまざまな業界で活躍する仲間や友人たちと一緒にご飯を食べたり、お酒を飲んだりする機会は多い。

たまにはサッカー部のコーチ家族たちを自宅に招いて、鍋やバーベキューなど交流や雑談を楽しむこともある。

とくに私の場合、コーチの半分以上は教え子ということもあり、他校に比べれば、監督とコーチ陣の距離は近く、アットホームな雰囲気と言えるかもしれない。

とはいえ、コーチ陣のプライベートに口を挟むことはないし、程よい距離感を保っている。

あまり距離を縮めすぎると、監督としての威厳がなくなってしまうし、コーチたちにも、「自分は偉くなった」「自分は監督と対等な立場だ」と錯覚させてしまう。

しかしチーム内では、ある一定の権限を与えることも、また与え過ぎないことも、**すべてを監督が的確にマネジメントしていくことが重要になってくる。**

「孤独と交流」「威厳と親しみやすさ」そういったバランスをうまくコントロールするのも、リーダーの仕事といえよう。

第2章

リーダーに一番大切なスキルとは？

「伝える力」で差がつくリーダーの力量

私は、リーダーにとって一番重要なスキルは「伝える力」ではないかと思っている。言葉一つで、部下や仲間たちを刺激し、ときには鼓舞し、実践的な力を引き出していく。

もしうまく伝えることができなければ、選手や部下の力を引き出すことはできないし、そうなれば意図する成果も結果も期待できないだろう。

なぜなら有効な「実践値」として落とし込めていないからだ。リーダーの評価というものは、組織に伝えたあとの「実践値」で測られなければならないと思っている。

これがリーダーの「力量」というものである。

そもそも、どんなに正論を語っても、伝える力がなければ相手は聞く耳を持たない。それは何も伝えていないのと同じことである。

そこには、リーダーに対する尊敬心や忠実心、人間関係なども大きく左右するだろう。

喋り好きなリーダーというのは、話をしているうちにあれもこれもと頭に浮かんできて、話が長くなりがちだ。

そして、同じことを何度も話す人もこのパターンだ。

こういう人は心配性なのか、有効な言葉を知らないのか、または、自分に酔いしれるタイプの人が多い。

知識や情報、ボキャブラリーが少ないから、同じ表現が続いてしまうのだ。

そういう人の話は、聞き手が飽きてしまうし、話のパターンが読めてしまう。

聞いているほうはうんざりで、その時間がとても窮屈である。

もっとやっかいなのは、自分の発言に責任を持っていないため、言うことが毎回コロコロ変わるリーダーだろう。

過去の話は忘れているのが当たり前。「以前言っただろ！」は通用しない。

いずれにしても、**リーダーならば、短時間でも印象づける決定的な言葉を使って、聞き手に理解させ、実践させなければならない。**

プレゼンは三〇秒と決めている企業もあるそうだ。

それくらい短い時間でも、伝える力を備えていれば、相手に印象付けることができるのである。

「時間は有限、使い方は無限」という言葉があるように、リーダーこそが無駄なく効

率を上げることを重要視してほしい。

また、言葉だけでなく、声や表情の作り方も大切だ。
その状況にあったトーンやリズム、強弱やメリハリ、豊かな表情を生み出すことで、内容を一層印象付けることができるだろう。

避けるべきは、「無表情」でいることだ。

これは、私はあなたを「受け入れない」「信頼していない」ということを示すものだ。
そんな表情や、そんな関係性で、意図するミーティングやディスカッションが成立することはないだろう。

たとえば、サッカー部の監督として、試合当日に選手たちに声をかけるタイミングは三回ほどある。
試合前とハーフタイム、そして試合後だ。

試合前にどんな言葉をかけようか、一声目はどんな語りかけにしようか、どれくら

いのトーンで話し始めようか、等々、考えればきりがないのだが。

私は基本的には試合当日の朝に考えることにしている。

対戦相手との比較や、試合当日の心理状況を加味したうえで、どんな言葉に威力や効果があるか、選手たちの精神的思考に寄り添って、シミュレーションをしてみるのだ。

ハーフタイム中に話す内容は、前半の試合内容と、ロッカールームに戻ってくる選手たちの表情、チームから漂ってくる空気感から読み取って、短時間で考えなければならない。

たとえば前半を三対〇と順調な得点差で戻ってきて、選手たちからも満足気な空気を感じたとしよう。

こういう状況では、何を言っても選手たちの耳に指導者の言葉は入りにくい。

表向きは聞いてるように見えて、実際にはそうでないことが多い。

しかも、ハーフタイムは一〇分や一五分とはいえ、正味五分ほどしか話はできない。

私ならあえて、「全然甘いなぁ！　この状況が一番危ない、このままなら後半はやられるかもしれないぞ！」と言うだろう。

選手たちは、「え？　なんで？　どこが悪いの？」と逆に興味を誘い、しっかりと全員がこちらに耳を傾けるはずだ。

状況の中から想定できる危機的印象を、普段とは違う声色で伝えることで、選手をドキッとさせ、警戒心の緩んだ空気を一瞬で引き締めることができる。

それから、前半の反省点や後半の対策を解説していくのだ。

実際にサッカーの試合では、前半はよかったのに、後半逆転されてしまうことがよくある。

サッカーは最後の一分一秒まで何が起こるかわからない。

最後のワンプレーで、たった一人の選手が安易なプレーを選択し、チームとしてやるべきことをサボったために敗退した経験が何度もある。

チームの緩んだ空気感に大きな落とし穴が潜んでいることを、リーダーとして、勝負師として知っておかなければならない。

もちろん、その逆もある。

たとえば、どう見ても相手が格上で、意図する結果や成果も得ることなく前半を終えたとしよう。

選手たちからは不安や焦りを感じるだろう。

そんな試合のハーフタイムは、**「まったく問題ない！　想定内の展開だよ！」「凄くやれていると思うぞ！」と元気よく笑顔で言う**のだ。

また、試合に敗れて選手たちがっかりしているときには、「負けて良かったな。この程度の頑張りで勝つなんて相手に申し訳ないよ」という言葉を投げかけたりもする。

無責任に励ましているのではない。

もっと努力をしないと、簡単に勝てるものでも達成感を得られるものでもない、ということを、選手たちに気づかせるのだ。

敗戦は、そのための最高の機会だということである。

二度と同じ間違いが起こらないように、起こさないために、失敗しないために、つまり、これからのチームマネジメントを重視したミーティングならば、危機感を煽って深刻に話をすべきだろう。

ことの重大性や、一人が何かを怠ったときのチームに与える影響や代償を、「危機感」と「責任」という形で選手の心に深く浸透させるのである。

最後の最後まで「絶対に油断してはダメだ」「油断がなくても起こりうる」「敗戦には必ず原因がある」ということを、各々の将来や人生に置き換えて話をするのもいいだろう。

このように**リーダーは、聞き手の感情をコントロールし、的確に意図や目的を発信しなければならない。**

いかに伝える力が必要か、わかってもらえただろうか。

もちろん、**伝える力を磨くためにも、日頃から周囲に目や心を配り、行動や心情を考察しなければならない。**

そこで、どんなことでも読み取る「感性」や「習慣」が最も重要なのは、言うまでもないだろう。

そこに疎いリーダーから得るものは何もない。

言葉の選び方に
リーダーの哲学と
思想が表れる

二度目の優勝を果たした二〇一九年の一月、全国高校サッカー選手権で私はどんな言葉を選手たちにかけたか紹介したい。

準決勝の対戦相手は、尚志高校（福島県）だった。

試合は先制されるも追いつき、一時は逆転するもまた追いつかれ、という点を取り合う展開となった。

結果は三対三の引き分けで、ＰＫ戦にもつれこんだ。

これは後日、映像を見て知ったことだが、ＰＫ戦に入る前の円陣で尚志高校の仲村浩二監督は選手たちに、地元・福島の震災の話をしていたと思う。

「尚志高校の決勝進出によって、まだ仮設住宅でご苦労されている被災者の方たちに感動や勇気を与えたい。元気になってもらいたい。そのためにも、ここで負けるわけにはいかないんだ」と、教育者らしく、心のこもった本当に素晴らしい導きをした。

選手たちの心を刺激し、気持ちを熱く奮い立たせた。

一方の私は、選手たちに**「ＰＫ戦は気合でやるものではない」**と何度も伝えた。**尚志高校とは正反対**だったかもしれない。

ＰＫ戦には独特の空気感がある。

だからいつも以上に冷静になり、気合を入れずにトレーニング通り臨むべきだと、私は考えていた。

そのため、**あえて選手たちの熱量を下げさせるべく、「三回でも五回でもいいから、落ち着くまで深呼吸をしよう。やってきたことを信じて蹴ろう」と指示した。**

ＰＫの練習は何度もしてきて、前日の練習も最後はＰＫで締めくくっていた。

そこまで準備をしていたのだから、**冷静にさえなれれば必ず勝てる**と確信していた。

結果、ＰＫ戦は四対二で我々が勝利させていただいた。

「天国か、地獄か」そんな運命的状況下で、いったいどんな言葉をかければいいのか。

導き方はいくらでもあるし、これに正解も不正解もない。

結果論になるかもしれないが、**勝利するために何をどのように伝えればいいのかは、監督のイメージや経験、手腕にかかっている**のだ。

決勝戦では、対戦相手の流通経済大学付属柏高校（千葉県）に有利なジンクスがあった。

というのも、同校は前年の選手権決勝戦で敗れ、準優勝になっている。選手権では、準優勝だった学校が翌年、優勝する事例がいくつもあり、「ジンクス通り、今年は流通経済大学柏高校がリベンジを果たし、優勝するのではないか」というストーリーが作り上げられていた。

彼らには、「昨年の悔しさを晴らすために一年間、必死で頑張ってきた」というモチベーションを上げる格好の材料がそろっていたのである。

私は、選手たちにどのように声をかけようか、一人でずっと考えていた。うまくメンタルコントロールしやすい対戦相手に、どう立ち向かっていこうか。

そこで私が選手たちに伝えたのは、**「青森山田に入学してきたときの覚悟や決意を思い出せ」**ということだった。

選手たちの中には、中学一年生から親元を離れてたった一人で青森山田中学校に来ている子も大勢いる。

すべては六年後、この選手権で優勝するために。

「相手は昨年の敗戦をモチベーションに変えて、序盤から闘志むき出しで挑んでくるだろう。でも、**みんなは三年間、もしくは六年間も費やして、家族とも離れ、今日の勝利のために、あえてこの雪国・青森で成長することを選択し、強い覚悟をもって青森山田の門を叩いてきた。**そのときの思いを考えたら、そんな一年間の努力に負けるものではないはずだ。今日が最後の集大成。その思いをすべて出し切れ！」

きっと選手たちは、「そうだよな、負けるわけがない。負けるわけにはいかないんだ」という強い気持ちになったと思う。

もしかしたら、お父さんやお母さんからの励ましの言葉が脳裏に浮かんだかもしれない。

親に反対されながらも、サッカーをやるために本校を選んだ子もいるだろう。親に背中を押してもらい支えてもらいながら、今日という日まで努力を重ねてきた。彼らの気持ちの強さは、たった一年間の悔しさどころではないはずだ。

私はそこに賭けたのだ。

試合は先制されるも、結果は三対一で勝利となった。

印象的だったのは、試合終了のホイッスルが鳴ったときの選手たちの姿。

優勝が決まった瞬間、本校の選手たちはみんな、膝から崩れ落ちたのだった。

本来は敗れたチームの選手たちがやることである。

だが、あのときピッチに倒れ込んだのは、青森山田の選手たちだった。

きっとそれは**「ついに優勝をつかみ取ったぞ」という達成感や安堵感**だったと思う。

「俺たちは、このために毎日いろんな我慢や辛抱に耐えて、努力を積み重ねてきたんだ」

そういう想いを、地面に這いつくばって自然に表現できたのだ。

それだけ青森山田の選手たちは、覚悟を決めて闘っていたのだ。

何度も言うが、**どんな言葉をかけるのが正解かはわからない。**

しかし、決勝戦では、本校に入学してきた当時の決意、覚悟を思い浮かばせたほうが、彼らの力を引き出せると私は思った。

言葉の選び方に、リーダーの「哲学」や「思想」が表れる。

そして今回は、有り難いことにそれが功を奏したのだ。

「伝えること」と「理解させること」は違う

サッカーの試合中、指導者のコーチングを聞いていると、選手たちによく、「もっとボールを繋げよ！」と強く要求をしている光景を見る。

サッカーでは具体性に欠ける指示が、当たり前のようにコーチングとして成立している。

それは、試合を冷静に分析したものとはかけ離れ、相手のシステムや戦術、ゲームプランなどを考慮したものでもない。

そして、その光景からはどのようにボールを繋げばいいのか、日頃から目的に応じて意図的にトレーニングされていないのが、明らかにうかがえる。

おそらく自身にもこれといった策がなく、どのように繋げばいいのかもわからないのだろう。

コーチングとは、**ピッチの中で選手たちがどのような心理状況でいるのか、なぜ慌てているのか、そんな原因を即座に分析し、その局面を打開するためにはどのようなことを実践していけばいいのか、を的確に伝えていくこと**なのだ。

ボールが繋がらないのは、相手から「ゴールを奪う」ことを目的とし、そのための手段として「ボールを繋ぐ」ということを徹底してトレーニングしていないからだ。

日頃、選手たちがトレーニングしている環境よりも、スピードが速くなったり、プレッシャーが厳しくなったことで「繋げない」のであれば、**そこをイメージしてトレーニングさせられなかった指導者の責任**である。

サッカーには必ず「できる」「できない」「できた」「できなかった」があり、そこにはいつも「根拠」と「論理性」が付きまとう。

つまり、**我々はいつも「根拠」をもってトレーニングし、それがどんなときでも「論理的」に解説されなければならない**ということだ。

選手はいつだって、理解し、納得してトレーニングしたいものだ。

これは決してサッカーに限らない。

たとえば**「挨拶」だって同じ**ことではないだろうか。

本校サッカー部の生徒たちは、グラウンドを訪ねるさまざまな来客や、見知らぬ人にでさえ、見かけたら小走りで歩み寄り、大声で「こんにちは！」と挨拶をする。

少々早口なので「ちわっ！」に聞こえるのだが、初めて本校に来た方は全員、「サッカー部員の挨拶は、すごいですね！」と驚いてくれる。

では、なぜ来客の方に限らず、見知らぬ人にさえも、しっかりと挨拶をするのか。

そんなことでも論理的に考えることができる。

たとえば、私の下で働いている一〇人のコーチのうち、六人が本校の卒業生である。

私が彼らを誘い、共に働き、共に戦ってもらっている。

私との関係がなかったら、おそらく彼らも現在の仕事には就いていなかっただろう。

ここで言いたいのは、**「人生」とはいくつかの縁が繋がった結果として、今日の生活がある**ということだ。

もちろん私も大きな「ご縁」をいただいて、今こうして監督という仕事をやらせていただいている。

その事実を蔑ろにし、感謝なく生活することだけは絶対にしたくないと思っている。

物事を「ご縁」と捉え、感謝として考えることができれば、本校を訪ねてくる人たちは、生徒にとっても決して「まったく縁がない」ということではないはずだ。

間接的にでも、何かしらお世話になっている人かもしれないと捉えるべきであろう。であれば尚更、**お客様には、良い印象をもってグラウンドから気持ちよく帰ってもらうのは当然の行動**といえるのではないだろうか。

今は直接の接点や面識がなくても、サッカーを続けている以上、将来的には繋がるかもしれない。

縁とはそういうものだ。

よって、**挨拶は強制的にするものではなく、相手への「敬意」と「感謝」という関係性を理解していれば、自然にできてしまう**ということである。

「挨拶すること」の論理なんて、そんなものではないだろうか。

指導者として、ただ「挨拶は大事だから、しっかりやるように！」というのではなく、**論理的になぜ挨拶が必要なのか、その目的や考え方のプロセスが理解できれば、子供たちの挨拶意識も高まる**はずだ。

自分にとって「有益か、無益か」くらいは、誰にだって判断はできるだろう。

指導者がどんなにうまく伝えても、聞いたことを即座に実践に転換させる能力には個人差がある。

一回聞けばすぐに習得できて実践できる者もいれば、何十回も指導しないとできない者もいる。

または、十あるうちの一つしか習得できないが、その一つは完璧にやりこなす者もいる。

それは能力や性格によってさまざまである。

リーダーであり指導者であり教育者というものは、相手が理解するまでしっかり向き合って確実に伝えていかなくてはならない。

なぜなら、**「指導」というのは、伝えて相手に理解させて、その実践値を持って、初めて評価されるものなのだ。**

一方的なものは「指導」とはいわない。

相手の思考や行動が変わっていなければ、「この前、言っただろ！」と怒っても、それは**指導者の自己満足**ということになる。

聞き手が実践に移せていなかったら、「理解させることができなかった」として、
自らの指導力の無さを痛感しなければならない。
現状が変わらなければ、何もしていないのと一緒なのだ。

スキルは
挫折や失敗から気づき
身につくもの

真のリーダーに求められるスキルとは、どのようなものがあるだろうか。

ここで俗に言われる簡単なものを紹介しよう。


たとえば情熱、決断力、忍耐力、判断力、論理力、指導力、説得力、行動力、実行力、マネジメント能力、リーダーシップ、コミュニケーション能力、演出能力、謙虚さ、誠実さ、オープンマインド、政治力、社交性、オリジナリティー、精神力、勇気、表現力、冷静さ、交渉力、人脈、経営能力、統率力、調整力、プロモーション能力、バランス力、デモンストレーション能力、チーム愛、グローバルスタンダード、哲学、思考力、信頼感、ディベート力、運営能力、ユーモア、戦略家、人間的魅力、プレゼン力、アイデア、気概力、イノベーター、転換力、友情、などが挙げられるだろう。


これらのスキルは、決して人から与えられるものではないし、人のマネごとで身につくものでもない。

持って生まれたスキルもあれば、またその逆もある。

だが基本的には、**あちらこちらと自らの足で渡り歩き、さまざまな人たちと出会い、自らの知恵と勇気と実行力を発揮し、険しくも新たな道を切り拓き、挫折や失敗を何**

度もくり返しながら、一つひとつ身につけていくものだ。

それが時間をかけて「リーダーのスキル」として大きな力になっていくのだ。

できればすべてのスキルを均等に持っているのが望ましいと思うが。

たとえば、私の尊敬する元サッカー日本代表監督の岡田武史さんは、これらすべてのスキルをバランスよく兼ね備えているといつも感じている。

項目を一つひとつ照らし合わせてみても、まったく疑う余地はない。

最高のリーダーだと私は思っている。

しかし、本人に怒られることを覚悟して親切に言うと、ほんの少しだけ「国際的なビジュアル」には届かなかった（笑）。

私も人のことを言えるビジュアルではないので、「猛省」ということで話を終わらせたい（笑）。

当然だが、一人ひとり、その習熟度は異なる。

現時点ですべてのスキルを持っていなくても、これから一つひとつを確実に身につけていけばいい。

いや、**一つでも多くスキルアップしていけることを目指していければいい。**

ただ、会得には個人の「性格」も伴うため、そんなに簡単なことではないと思うが。

まずは、自らの行動を振り返ってみてほしい。

次のような行動はとれているだろうか。

有能なリーダーと言われる人たちによく見られる思考や行動、共通点を認識しておいてもらいたい。

・常に相手の気持ちを察知して動く
・どんな問題でも迅速に解決するため、率先して自らが動く
・あらゆる世界との交流を好み、幅広い人脈を持つ
・幅広い知識を持つべく、さまざまな経験を重ねる
・隙のない日常生活を意図して送っている
・現状に満足することなく、さらに発展できるチャンスを常に狙っている
・正義感や犠牲心を持ち、困っている人を見逃せない
・組織に対し、常に「厳しさ」と「ユーモア」を提供できる

・タイミングよく、聞き手に適切な言葉をかけて、相手の感情をコントロールできる

リーダーに向いている人は、「スピード感」と「効率性」に優れ、誰よりも早く無駄のない仕事ができるものだ。

そんな仕事にはいつも「喜び」と「感動」が混在し、結果的に周囲との深い信頼関係を築き上げ、「生産性」の向上にも繋がっている。

なお、冒頭で示したスキルそれぞれの詳しい解説を本書の最後に入れたので、そこも目を通してほしい。

第3章

結果を出すリーダーになるには？

講習会や研修会では、リーダーとしてのスキルアップはない

リーダーであること自体には、**何も意味はない。**

起業すれば誰だって社長にはなれる。

実績がなくとも、売上がなくても、信頼がなくても、知恵やアイデアがなくても、事実上は社長だ。

けれど、それには何の意味もないだろう。

それと同じことだ。

リーダーとして組織の目標を達成させ、結果や成果をもたらすこと。

そうした実績を残して、はじめてリーダーとしての価値があるのだ。

私は、リーダーとは自ら手を挙げて名乗りでるものではないと思っている。

周囲から**「この人ならこの組織を何とかしてくれるに違いない」と信頼、評価、期待されて、組織の中から自然と担ぎ出されてくる**のが理想だ。

世界各国、ジャングルで生活を営む部族が、有能で力のある酋長や村長を決めるときの風習として、人物の「現実的根拠」いわゆる「力量」が評価されて選ばれることがある。

自らの生死や、村や集落が存続の危機にさらされた状況下で、組織はどんな人物をリーダーにしたいか。

それが究極の人選びだ。


この本の読者の多くは、自分の所属する組織になんらかの光や可能性を見出したい、またはリーダーとしての心得を知りたい、など前向きな人のはずだ。

そういった人のために、全国各地で「リーダー育成」のセミナーがあるのは知っている。

また、ライセンス制度が普及したことで、「ペーパードライバー」ならぬ「ペーパーリーダー」が世の中のリーダー層を覆い尽くしてきたように感じる。


申し訳ないが、**たった数日間、数週間のリーダー育成のセミナー、講習会、研修会を受けただけでは、残念ながら真のリーダーになることはない**。

リーダーとしてレベルアップしたわけでも、スキルアップしたわけでもない、まずそのことをしっかり受け止めてほしい。


実際、高額のセミナーに依存するリーダーや指導者は少なくない。

だが、講習や研修を受講しただけで、リーダーや指導者としての資質や手腕が磨かれることはなく、また大きく成長することもない。

多少だと思うが、自己の危機意識が少し変わるくらいだろうか。

仮に、講習会や研修会で得た知識や教養で組織の先頭に立てるものなら、すでにその組織の目指すべき目標値が大きなものではないということだろう。

そもそも、講習会や研修会を催す側の意図や目的は、資格、更新、研修ポイント取得を掲げ、講習料や登録料、資格更新料からその組織の運営費や人件費を捻出することだ。

真のリーダーや指導者を育成するためではない、ということを認識すべきだろう。

これらの受講では意図する成長が、なぜ期待できないのだろうか。

そのほとんどが「伝達講習」だからだ。

「伝達」はあくまで「伝達」であって、自らの経験から得た「生きた素材」ではないということ。

講師が伝える知識や教養も、所詮はマニュアルありきで教わった知識でしかないのだ。

受講者はリーダーになりきり、そこで聴き与えていただいたネタを、また次なる者に伝達していく。

まさに「伝言ゲーム」そのものである。

義務付けられた研修や講習で得るものは少なく、単に「伝達メンバー」を増やす作業にすぎない。

中には、第三者の影響や、人との関わりによって運よく成功を収めた者や、そもそもデータを収集するのが得意で、調査データからあたかも自分が何かを成し遂げたかのように物事を伝えるタイプの講師もたくさんいる。
その場合だと、何かを学ぶことは難しいだろう。
調査結果というのは**「生きたデータ」ではない。**
したがって**現場で「活きるデータ」にはならない**ということを明確に分別しなければならない。

もちろん、講習会の講師が、知識や経験、地位や名誉など何もないところから始め、何かを築き上げてきた苦労人であったり、挫折から這い上がって大きな成果を残したり、成し遂げたりした努力家だった場合は、その実体験の中から意義のある話を聴けることはあると思う。

そのときは、自分自身の環境や習慣と照らし合わせて、**「自分なら何をすればいいのか」を思考・考察し、即座に実行してみればいい**だろう。

リーダーとして大きく成長していく者の多くは、実は**「学び方」や「学ぶポイント」を心得ている**のだ。

そしてそれは、日々の平凡な生活での、ごく普通の「会話」や「コミュニケーション」、周囲・周辺で起こる何気ない「判断」や「行動」「習慣」や「変化」などから学べることが実に多い。

そこで拾った「生きた素材」を、自らの「感性」や「感情」で描写し、表現し、どのように伝え与えていくか。

この**「学びの循環」が、リーダーのスキルアップに欠かせない大切な条件**と言えるのである。

わざわざ遠方までお金をかけて学びに行く必要などない。

周囲から微かに感じ取れる「空気」の流れと、研ぎ澄まされた「感覚」と、一瞬にして心で読み取れる「感性」こそが、リーダーに必要なスキルであることを忘れないでほしい。

つまり**リーダーは、「感じる」人間になっていかなくてはならない**ということだ。

俗に言う「鈍感力」など、褒め言葉じゃないことを知っておいたほうがいいだろう(笑)。


もしも遠方に行く機会があるのなら、講習や研修ではなく、ぜひとも地域の人々との有意義な交流の中から、自分の「感覚」の幅を広げ、独自の「感性」を磨いてきてほしいものだ。

時には意図するチャレンジから、「ショック」「悲劇」を味わい、感じるのもいいだろう。

自らの覚悟や決断に、あらゆる刺激を加えながら積み上げていくことで、少しずつリーダーとしてのスキルを身につけていくしかないのである。

実は、意外に身近に存在している有能者から学ぶことも大いにある。わざわざ多額のお金を払って得られる知識でしか学べないと思っている人や、そこで得られた知識にしか興味を示さない姿勢自体が間違っているのだ。そんな低レベルの思考や、勘違いこそが、リーダーとして「最悪の資質」だということに気付かなければならないだろう。

今ここで、リーダーに求められる資質に対する認識を改めてほしい。

それは、リーダーに必要なのは講習や研修で得た情報や知識を、組織内にうまく伝達する能力ではないということだ。

それが仕事というわけでもない。

私は、リーダーの発言のほとんどは、**実体験の中から得た知識や感情を、相手に「有効な言葉」として伝えるために、自分なりに装飾またはアレンジを加え、相手の心に響くように発信されなくてはならない**と思っている。

他人から得たデータを、「自分の偽哲学」に置き換えて発信するリーダーに惑わされてはならない。

では、真のリーダーになりたい人、リーダーになって組織を引っ張りたいと考えている人は、今から何をすればいいのか。

まず第一歩は、**その組織が円滑に発展していくために、他の人がやらない面倒なこと、やれない仕事から率先してやる**のがいいかもしれない。

それが、いずれ組織の中で自分にしかできない仕事になる。

そんな仕事の数を増やしていくことで、組織に欠かせない人物として立場を変えていくのだ。

誰にでもできる仕事をいくらやっても、自分が思っているほど周囲からは評価されていないことを理解しておくといいだろう。

何かしら自分から犠牲心を払いながら行動していくことで、徐々に周囲から「この人が、この組織に一番必要だ」「この人なら組織を変えてくれる」と思われていくようになる。

そして、そうやって周囲から認められた者は、困ったときに周りの人が手助けしてくれるようにもなる。

大切なのは、あくまで評価は、他人がするものであり、自己がするものではないということ。

これは肝に銘じておこう。

リーダーの仕事の本質はサービス業といってもいい。

周囲に対する目配り・気配り・心配りが大切なのだ。

面倒なことや問題を後回しにしてごまかしているうちは、リーダーの仕事は勤まらない。

現在、リーダーという立場でない人でも、こういった視点を持って積極的に動いてみることで、リーダーの思考は身についてくるのではないだろうか。

褒めないことも教育。一人のミスを組織全体の成長に繋げなければならない

「何をやっても認めてもらえない、評価されない」

「やってもやらなくても一緒」

こんなやり甲斐のない状況では、誰だってモチベーションは上がらない。

リーダーの仕事の一つに、**組織全体のモチベーションをアップさせる**というものがある。

そのために私が気を付けているのは、**目標を達成し、成果を挙げた人間をきちんと評価してあげること**だ。


こう書くと、「褒めてやる気をアップさせるのか」と思う人もいるかもしれないが、そうではない。

私の場合、意図していない結果や、偶然を伴う結果を褒めたりはしない。

それよりも、**「何を思考し、具体的にどう動いたのか」「何を実行したことにより目標を達成できたのか」という、思考と過程に着目しなければならない**と思う。

なぜなら、その判断と行動を具体的に整理することで、成功や失敗に関わらず、**その実例をもとに再現することも変更することもできるからだ。**

つまり、すべてが前進的な歩みとなるのだ。

たった一度の偶然的に起こった結果を安易に褒めて、安心感を与えたり、自信過剰にさせることは、リーダーとして無責任な関わり方だと思わなくてはならない。

人間は、ストレスなく満足した瞬間に成長は止まり、著しく衰退していくのだ。

たとえばサッカーでは、偶然にもたまたま打ったシュートが、まさかのゴールとなり勝利することもある。

このとき私は、その結果に大きく喜ぶことはあっても、プレーの選択や質の部分では、決して安易に選手を褒めたりはしない。

たとえ運良く、いいシュートを一本決めたとしても、「またいつでも再現できるように、その感覚を忘れないように」というように、あえて気持ちを引き締めるような言葉をかけるようにしている。

もちろん、運よく決まったように見えても、実は監督に教わったことを、以前から高い意識で愚直に取り組み続けてきたことで成し遂げられた「努力のゴール」もある。

その場合は、**その誠実さを大いに称えるべき**だろう。

それが鍛錬の成果というものだ。


他のスポーツと比べて不確定要素の多いサッカーでは、ひたすら練習した場面が必ずしも試合で訪れるとは限らない。

似たようなシーンはあっても、同じということはない。

すべては自らの判断が優先されるスポーツである。

したがって、実際に試合で起こりえる場面を想定し、何度も繰り返して成功イメージを体に叩き込むのだ。


テレビなどではよく、ゴールを決めた選手ばかりにスポットが当たり、ヒーローになりがちだ。

しかし、チームが勝利したということは、DF陣やGKが体を張って粘り強く失点を防いでくれたということであり、彼らの頑張りによって、そのゴールが生きたのだ。

だから、「我慢強く、一生懸命に後ろが体を張って守ってくれた。失点を与えずに押さえてくれたことで、こんなに素晴らしい達成感や充実感を味わうことができるんだ」ということを静かに伝える程度だ。

そもそも**組織とは、それぞれがそれぞれの立場で真摯に頑張ることで、初めて成果が出るもの**である。

逆にいうと、**誰か一人の努力で勝ち取った成果は再現性がなく、組織として次に繋がらない。**

また、たった一人の怠慢な判断や行動が、みんなの頑張りをすべて台無しにしてしまうことさえある。

そして、その代償は**一生かけても償えないものもある**のだ。

組織の一員であれば、そのことを肝に銘じてほしい。

つづいて、叱る場合についての話をしよう。

教育的なマニュアルや一般的な教育方針の中で、**「叱るときは個別に、褒めるときはみんなの前で」と聞くことがあるが、これは時と場合による**と私は思う。

たとえば、ある一人が犯したミスかもしれないが、同じようなミスを他の人も起こす可能性がある場合もあるだろう。

状況や内容によっては、その代償は計り知れないものになるかもしれない。組織として大きな損害を被ったり、仲間の人生を左右するほどの失敗になるかもしれない。

だからこそ、チームの絶対的な危機感として捉えさせるためにも、ミスしたことの重大さや、代償の大きさは、全体に伝えなければならない。

そのために、あえてみんなの前で大袈裟に表現して叱る場合があってもいいだろう。

「チームみんなで誓い合って積み上げてきた努力が、お前が判断したあの一つのプレーで、すべてを台無しにし、仲間を裏切るプレーになったんじゃないか？」

このように、チーム全員の前で問いかけてみる。

さらに、他のメンバーにも、その判断がチームにとってどうであったのか問いかけてみる。

すると、「みんなで一生懸命積み上げて、チームの約束ごととしてやってきたので、あのプレーや判断は許されないと思います」などの意見や感想が出てくる。

リーダーや指導者に個別で叱られるよりも、チームメイトからみんなの前で指摘されるほうが反省も深くなるし、全体への浸透率も高いはずだ。

もちろん伝え方には十分気をつけなくてはならないが、あえて仲間の批判的な声を聞かせることで、あらためて組織の一員であることの「責任」を自覚させ、「罪悪感」を感じさせることで、大きな効果を生むことになるだろう。

他のメンバーたちも自分の行動に置き換えて考えられることが、結果的には組織マネジメントの重要な戦略となっているのだ。

個人名は挙がってしまうが、その例を出されたメンバーを一方的に責めるのではなく、組織全体の問題だという捉え方を浸透させた中で指導していくのなら、全然問題はないと思う。

一人のミスを全員で共有して、組織全体として危機感を持つことができれば、それは「チームの成長」に繋がるのだ。

有能なリーダーはスピードと効率にこだわる

「あの人はメールやラインの返信が早いよね」とか「電話かけたら絶対出るよね」なんて、そんな人の話題になることがよくあるだろう。

リーダーにとって、それはとても最適な「性格」であり「能力」だということを覚えておいたほうがいいだろう。

この能力を軽視したり、「べつに返信なんか自分のペースでいい」と思ってしまうタイプの人間は、**リーダーとして大きな成果を残すことは極めて難しい**かもしれない。

さらに、部下や後輩に仕事のできる有能なタイプがいたら、そんなスピード感のないリーダーの姿勢に対するストレスやイラつきは、想像を超えるだろう。

あきれて辞めていく者も少なくないかもしれない。

成果を求め続けるリーダーの思考というものは、それくらい「スピード感」と「効率」を念頭に生活していると言っても過言ではないだろう。

どういうことかというと、一般的に「仕事ができる」と評価される者は、仕事における「スピード感」と「効率」が他とはまったく違うのだ。

仕事や用件のタスクを自分のところに「溜めない」「待たせない」という習慣が身

についている。

自分に回ってきた仕事や案件は、即座に返信・返答し、自分のところで仕事のタスクを渋滞させないための交通整理が、短時間で効率よく行われているのだ。

そして、また次なる仕事を受け入れ、的確な回答で他方に振り分けるという能力を持っている。

ゆえに、多くの仕事を同時に捌く作業習慣が身についているのだ。

それが「効率」という有能なスキルとなる。

そこには、**「目的」と「手段」が明確に整理され、常に周囲を納得させる行動が伴っている。**

一般的に、仕事が忙しくない人ほど返信が遅く、対応や反応も鈍いと言われている。

自分のペースでしか仕事ができない人は、仕事相手を不快にさせることも多々ある。

そんな人たちは、時間をかけて仕事をすることに何の抵抗もなければ、時間が大切だとも感じていないのである。

これは「キャパシティー」より「性格」が問題だろう。

面白いことに、そういう人に限って自己評価が高く、他の意見に耳を貸す心をもたない人が多い。

そのうえ「聞いたフリ」は得意中の得意で、仕事の単純なミスも限りなく多い。

時には、他人のペースで仕事をすることも、行動することも、判断することも、重要な仕事であることを知らない。

すべてが「自己中心的」なのである。


仕事をこなす「量」「スピード」「クオリティー」「結果」こそが、組織において、その人の「価値」と「信頼」を勝ち得ることとなるのだ。

たった一人で成立する仕事などこの世に存在しない。

どんなことでも必ず、人と人との関わりの中で生かされていくのだ。

一人の頑張りだけで成し遂げられる成果もなければ、結果もない。

逆に、他人の心を動かすことのできない成果は、周囲から評価されるものにはならないということである。


したがって、ともに仕事をする仲間や、生活をする家族、取引をする業者、メールやラインをし合う相手、組織の上司や部下、先輩や後輩など、**あらゆる関係の中で相手のことを気遣い、いまの「状況」や「立場」、「気持ち」や「心」を巧みに読み取り、自分に求められていることを察知し、素早く反応・対応していくこと。**

これこそが、「できる人間」の思考や行動であるということを認識してもらいたい。

また、ここで一般的な会社や組織の中でよく起こる、人間関係の問題について考えてもらいたい。

ある職場では、多くの従業員を抱えている。

その内部では、いつも仕事内容の不満や従業員同士のいがみ合いなど、さまざまな混乱が起こっている。

現場で働く者の一人が、それらの問題について、幾度となく社長や担当上司に意見や質問を投げかけ改善を求めるものの、上司らの反応は鈍く、具体的な改善策を打ち出せないまま放置している組織があるだろう。

こんな組織は機能的にうまくいくわけがない。

ひたすら内部がこじれるだけだ。

上司やリーダーは、立場の弱い者や、苦しんでいる者、悩んでいる者に対し、献身的に歩み寄り、率先して問題解決能力を発揮していかなくてはならない。

しかも、このようなケースはスピーディーに対処しなければ、余計に話がこじれたり、傷口が広がったりするものだ。

首は突っ込むものの、理解・納得させられないと逆に反感を買ってしまうことも想定できる。

いかに問題を解決してあげることができたか。早急に対応してくれたか。

それが**上司と部下との信頼関係を構築していくための重要な仕事**であるということを認識してほしい。

それが「やるべき仕事」なのである。

会社として社員を雇い入れる場合、同じ給与を支払うのであれば、常にスピード感と効率性を追求し続けてくれる人材を雇いたいものだ。

会社の生産性や利益が、大幅にアップするほうがいいに決まっている。

しかし、経営者の気持ちとは裏腹に、今の時代の若者たちは、自らの仕事の「クオリティー」や、会社の「経営方針」「経営理念」等にはまったく興味や関心を示すことなく、ひたすら「給与の額」や「休みの日数」の保証ばかりを要求してくる傾向がある。

一人前の仕事ができる前に、自分の仕事で大きな成果を生む前に、組織の一員としての責任を果たす前に、やることは「働き方改革」や「就業規則」や「権利」や「ハラスメント」の主張だ。

この世の中は、いったいどんな方向に進んでいるのか。

恐ろしい時代だ。

こんな時代になってしまったのは、紛れもない事実。

今の日本を切り拓いてきた人生の大先輩の方々にとっても、この社会は非常に生きにくく、やりにくい時代になった。

引き戻すことのできない時代。

だからこそ、変わらなければならないのは、「リーダーのあり方」であり、今の厳しい時代に弾き出されないように頑張らなくてはならない。

友人は、自分の「鏡」だと思え

リーダーになる人は、さまざまな世界、分野で活躍する人と繫がり、知見を広げていくことが大切である。

人付き合いやコミュニケーションが苦手な人、一人の時間を過ごすことが大好きな人もいるだろうが、**人付き合いにストレスを感じ、それが面倒だと思っているうちは、リーダーの仕事は勤まらない。**

とはいえ、自分にとって有益でもない知り合いをただ増やすだけでは意味がない。人脈としてお互いを必要とし、必要とされることが最も重要なのだ。

そして、**定期的に連絡を取り合い、コミュニケーションを通じて友人関係を更新していくことが大切**である。

そのためには、相手に好印象を与え、人間的な魅力を感じてもらわなくてはならない。

人に好かれる人間性とは、単純に人を惹きつける魅力があり、安心感と信頼感を漂わせた人物であることが多い。

一緒にいて楽しいことは絶対条件である。

「今の自分の社会的レベルは、どれくらいかわかるか？」

ある宴席で、親交ある大手企業の社長から質問を投げかけられた。

非常に難しい質問だった。

なぜなら、今まで誰からどれくらい評価され、社会に貢献しているかなど、考えたこともなかったからだ。

答えに詰まり、私が首をかしげていると、社長は「お前は立派に高いレベルで生きているよ」と褒めてくれた。

しかし、私はその答えをよく理解できずにいた。

そして「そのレベルを示す数字や指標のようなものがあるのですか？」と聞き返した。

すると、社長は「いま、黒田が好意を抱いて付き合っている人たちのレベルを単純に評価してみろ」という。

その社長によると、交友関係のレベルや人数が、人間の社会的レベルを証明しているのだという。

つまり、**自分が付き合っている人のレベルや人数によって、社会から求められる自**

分自身の「社会的価値」を測定できるということだ。

ゆえに、交友関係の選択というものは、自分の「レベル」や「生きざま」を映し出す「鏡の選択」となるのである。


この理論は、自然と腑に落ちた。

私は元来、人との触れ合いやコミュニケーションを取ることが大好きな性格だ。

それで考えてみると、私の多くの友人たちは、日本サッカー界に留まらず、他競技のスポーツ選手や専門家であったり、メディカル、芸能界、メディア関係者であったりする。


さらには、大手企業の社長や飲食店経営者、政治家など、親交の幅と人数は数えきれない。

全国各地に、社会的に力を持った、尊敬できる友人がたくさんいる。

サッカーを始めてから数えきれないほどの人と出会い、たくさんの仲間から、多くの学びと幸せをもらった。

友人として引き合うパワーは、苦難を乗り越えて築き上げた者だけが感じ合えるシンパシーなのだろうか。

もしかしたら、指導者として駆け出しの頃に思った、「全国でもっと有名になりたい」「力のある指導者になりたい」「日本をリードする人たちと話がしたい」といった野望が、いつの間にか多くの人を手繰り寄せたのかもしれない。

人間は、求め続けなければ何も変わらない。

求め続けることの意義を理解できなければ、自己の発展はない。

世の中で社会的地位を確立させてきた人たちは、そんな地道な作業をくり返し、自己を高めてきたのだろう。

だからこそ、魅力的な人間となり、「人持ち」にもなれるのだ。

リーダーは組織の特徴と性質を見極め、的確に対応しなければならない

結束力のある組織、チームとは、どのようなものだろうか。

サッカー部の監督業をはじめて二五年。

高校サッカー部を見ているゆえに毎年毎年メンバーは入れ替わるのだが、気づいたことがある。

それは、**「やんちゃ」で「パワー」のあるチームほど、一体感が生まれたときの結束力が強い**ということだ。


やんちゃな子供は、自分勝手で協調性がないことが多い。

そのため軌道修正するのに時間はかかるし、時として横道にそれてしまうことも多々ある。

でもそれは生まれ持っているパワーが強いということ。

負けず嫌いであるし、闘争心も人一倍ある。

そんな子供たちが、「優勝」という目標のために同じ方向を向いた瞬間、とてつもないパワーを発揮する。

そう、**究極のスキルは「性格」にある**からだ。

一見バラバラのように見えても、性格的に熱がある人が集まっているチームは想像以上に飛躍することがある。

一方で、真面目で大人しい集団ほど、強い組織に作り上げるのは難しいとも感じている。

なぜなら、表面上でのハングリー精神や貪欲さ、闘争心が見えてこないからだ。

火の点きにくい湿った木々のようなものだ。

煌々と明かりを灯すために、木を完全に乾燥させる期間や時間は想像を絶するほどかかる。

もちろん、指導者の仕事やアプローチの仕方も大きく変わる。

その場合は、選手を統率することよりも、モチベーションを刺激したり、選手の意欲を下から持ち上げるという作業に徹し、時間をかけて作り上げていかなければならない。

「負けず嫌いになれ！」と言っても、真の負けず嫌いになれるものでも、闘争心が芽生えてくるものでもない。

これもまた生まれ持った性格であったり、育った環境や親の教育、関わり方によって左右されたりするものである。

欲する前に与えられてきた子は、性質として掴み獲ることを知らない。掴み獲ったときの感動を知らない。

与えられないことへのストレスが上回るという傾向がある。

やはり今の子供たちは何でも与えられ過ぎている。

便利な世の中になったこともあり、昔と比べてサッカーをやる環境が整い過ぎている。

また、親が子供に冒険させることをためらう傾向が強く、むしろ先回りして危険やリスクを事前に排除してしまうことが多い。

よって、**我慢や辛抱の経験値が圧倒的に足りていない**のが現状である。

子供の悩みを親が勝手に判断し、すぐに解決させようと激しく動き回るのもよくある話。

自分の子供が可愛いのは当たり前だが、子供に自立を促したければ、子供の成長するタイミングを止めないことが大切である。

必要以上に口を出さない、安易に手も貸さない、といった子供に関わらない強い覚悟を持たなければならない。

子供のうちから失敗や挫折の経験がないと、成長するための肥料が乏しく「つまずき」に対する免疫力が弱い状態で年齢を重ねていくことになる。

辛く厳しい経験をあえて与えていくことは、成長の過程で絶対的に必要な「肥やし」となるのだ。


そういう意味では、本校の卒業生、柴崎岳のご両親は模範であったと思う。

彼は、鹿島アントラーズで活躍したのち、スペイン・テネリフェ、ヘタフェと渡り、そして現在はデポルティボに所属し、日本代表の中心選手でもある。

つねに子供のことを信じ、子供が選んだ道を尊重し、決して手を貸すことなく陰ながら応援していくという距離感。

あれだけ息子が活躍していても、「謙虚」で「誠実」で、でしゃばることなど絶対にない。

こういう覚悟と情熱を持ったご両親だからこそ、岳はあれだけ意志の強い子に育ったのだと思う。

子供が厳しい世界で勝ち抜いていくためにも、親は関わらない覚悟を持たなくてはならない。

その夢が大きくなればなるほど、その道が険しくなればなるほど、親の覚悟も大きく変わっていかなければならない。

彼が卒業した今でも、ご両親はいつも本校の試合を応援しに来てくれる。

本当にありがたいことだ。


何の苦労もなく、真面目に大人しく育った子供たちを変えていくには、あえて刺激を与えていかなくてはならないと思っている。

多少、荒療治になるかもしれないが、強い組織を作るには必要な手段となるだろう。

一番わかりやすい刺激とは「悲劇感」である。

自分の身に降りかかる「悲劇」には、目標達成から得られる「感動」をはるかに上回る強い感情があると私は思っている。

個人や組織の心情を一瞬で動かすほどのパワーだ。

プラスになることの欲望よりも、マイナスになることへの拒否反応が上回るのだ。

リーダーとして、組織の感情を巧みにコントロールしていくことは、高いレベルで組織をマネジメントしていくための重要なテクニックといえよう。

もちろん、やんちゃであれば良くて、真面目で大人しい子たちがダメというわけではない。

彼らの良さは、その誠実さにある。学ぶ姿勢もあり、成長も著しい。

欲するものへの「執着」や「パワー」は物足りないことも多いが、彼らを改革し強い組織にしていく方法はいくらでもあるということだ。

リーダーは、そのチームの性質や特性を見極めて、臨機応変に接し方を変えていかなければならないということだ。

第4章

リーダーが陥りやすい間違いや勘違いとは？

仲間の機嫌取りは
リーダーの
仕事ではない

組織は人数が多くなればなるほど、人間関係に関する問題や、リーダーが抱える精神的なストレスは確実に生じてくる。

優秀なリーダーといえども、苦手で面倒な人間は必ず出てくる。

もちろん、人間同士だから「好き、嫌い」「得意、不得意」はあっても仕方がないだろう。

ただし、**好き嫌いによって組織の発展や前進に弊害が生まれてしまうなら、それは徹底的に解決しなければならない問題である。**

ときには苦渋の決断を迫られるのもリーダーの務めになるだろう。

ただ、その前にやることがある。

改善・解決が先だ。

解決するときに重要なのは、**リーダー自らが率先して相手の心に歩み寄る**ことだ。

歩み寄るとは、たとえば「言い方が生意気で、いちいち気に障る奴だけど、彼は彼なりに組織のためを思って本気で言ってくれている」など、**その人の良い部分を見つけてあげる**ことだ。

寛容な心で認めてあげて、時には言葉にし、褒めてあげることで気持ちよく仕事を引き受けてくれるだろう。

それが組織として有効な手段となるのだ。

そうやって生意気で、自分勝手で、わがままで、協調性のない人間でも、一歩踏み込んで理解しようとする姿勢を示してあげることが重要である。

歩み寄って相手を理解してあげる行為は、自分を理解してもらうことにも繋がっていく。

その勇気ある行動が、お互いの距離を縮め、次第に組織をより良い方向に導いていくことになるのだ。

そもそも、組織の中の誰かとうまくいかないことも、活動が思うようにいかないことも、すべては自分自身の選択であり、自分自身がそうなるように動いているのだと認識しなければならない。

いま、自分自身を振り返ってみて、思い当たる点はないだろうか。

考えてみてほしい。

相手との間にある心の壁は、自分自身が作り上げているにもかかわらず、自分から歩み寄ることもなければ、壁を外すこともないし、もちろん頭を下げる勇気もない。

リーダーは時に言いたくないことも言わなければならないが、リーダー自身も、ときには聞きたくないことも聞き入れなくてはならない。

耳をふさぎ、見たくないものには目を瞑る。

都合のいいことだけに反応する消極的な姿勢は、組織を少しずつ蝕み、衰退させていく。

周囲や仲間、部下が解決してくれるのを心のどこかで願っているようでは、あまりにも自分勝手な思考であるし、組織改革など期待できるわけもない。

自分でも気づいているが、そうすることしかできないリーダーは、組織発展のために大きな決断が必要かもしれない。

当然だと思うが、有能な部下やメンバーたちからの、

「それは難しいと思います。こうすればいいのではないでしょうか？」

「そのやり方を実行すると、こんなリスクが考えられるのではないでしょうか？」

「私にはこんなアイデアがあります」

といった**「根拠のある提案」は大歓迎**なのだ。

実際、これによって救われているリーダーはかなり多いのではないだろうか。

周囲からの有効な提案に対し、率先して議論を積み重ね、組織の中で論理的で納得する答えを引き出し、最終的にはリーダーの判断で導いていけばいい。

とはいえ、役職や立場、権限を与えられたリーダーのプライドは高く、相手に歩み寄り、へり下っていくことは、想像以上に難しいものだ。

気がついたときには、リーダーが「裸の王様」状態になっているなんてこともよくある話だ。

受け入れられないことだってあるし、もっと関係が悪化する可能性もある。

プライドが高ければ高いほど、一歩踏み出すのには、覚悟と勇気が必要だ。

大変なことかもしれないが、問題を解決する糸口はそこにしかない。

まずはリーダーが、仲間たちに自ら歩み寄っていく。

その柔軟な姿を周囲に見せていければ、その行動を讃える者が必ず現れることを信じてほしい。

組織の発展や成長のためには、歩み寄る労力を惜しんではならない。

リーダーは、時として嫌われ役を引き受けなくてはならない。

組織をよりよくするために必要であるなら、言いたくないことも言わなければならないだろう。

プライドは高いが、アイデアや発想が乏しく、周囲からの期待や信頼が薄れてきたリーダーは、周囲からの反対意見を怖がり、部下や仲間から嫌われたくないという懸命な行動や発言が目立つようになる。

それはもう仕方ないかもしれない。

誰かが教えてあげてほしい。

仲間の機嫌を取ることばかりに従事しているうちは、真のリーダーには絶対になれない。

差し障りのないことだけを大袈裟に伝え、権限を見せつけているうちは、周囲からの信頼を勝ち取る改革者にはなれないのだ。

おそらく周囲もそのことに気づいているはずだ。

人に嫌われるのは誰だって嫌なことだ。

しかし、**リーダーとしての責任があるなら、自身のプライドよりも、組織の改革を優先しなければならない**。

そういう感覚になれない人間は、発展させたい組織のリーダーには不向きだ。

自分の権限やプライドを捨てられるか、組織のために犠牲を払う覚悟があるか。

リーダーの資質とは、そんな信念と行動に表れるものだろう。

リーダーは「主導」であっても「主役」ではない

何かの役職を与えられたり、リーダーになった途端、「自分は偉くなった」「自分は何でもできる」などと勘違いし、リーダーという立場に酔いしれてしまう人がいる。

自負心が強い者は、「俺だったら……」「俺の場合は……」など、「俺」を強調し、自分が主役のように振る舞う。

そういう者は、人の話も満足に聞けない「裸の王様」になる危険性がある。

「俺がリーダーだから言うことを聞けよ」と考えてしまえば、それは独裁者である。

組織の仲間たちに対して、自分の支配下にいるという感覚を持ってしまうタイプの人は、はっきり言うがリーダーに向いていない。

社長になったから、部長になったから、リーダーになったからといって、突如、素晴らしい発想やアイデア、改革・発展などに長けた能力が舞い降りてくるものではない。

また組織のトップとしての統率力や説得力、包容力が急遽備わるわけでもない。

じつは組織の発展の難しさは、すでにそこから始まっていることは、よくある話である。

もちろん、対外的な交渉時には、きちんと自己主張ができなければならない。

だが、組織内においては、リーダーの役割は**一方的に自己主張することではない。**

組織をまとめ、一人ひとりの力を引き出し、強固な組織力を作り上げていくのが大切な仕事なのだ。

つまり、メンバーの話に耳を傾ける必要があるということ。

リーダーはみんなの意見を聞いて吸い上げ、総括する重要な立場なのである。


たとえばリーダーしか発言していないミーティングというのは、大きな問題がある。

リーダーだけが理想を語り、自分の主観を押し付ける。

他の人たちは受け身となって、ただ話を聞いているだけでは、ミーティングの「あり方」や「目的」に将来性も希望もない。

それは、**誰もが参加意欲の湧かないトップダウン方式の最悪なミーティングになっている**ということを、知っておいたほうがいい。

直ちに方向性を変える必要があるだろう。


会議やプレゼンでも、発表者だけがしゃべり、他の人は資料を見ているだけで、有効なディスカッションもなく、ひたすら聞いている状況がある。

それは会議でもプレゼンでもなんでもなく、**ただの説明会**である。

いつ意見を求められてもいいように、新しい効果的な戦略や、開発的な提案を事前に準備して会議に臨むのが、発展する組織の基本的な姿勢だろう。

とはいえ、リーダーが組織をよりよくするために自分の方針を主張するならまだいい。

問題なのは、理解の得られない自分本位のわがままな意見を言うタイプだ。

その意見には根拠が伴っておらず、気分に左右されがち。

相手を不快にさせることで、組織に何かしらの悪影響を及ぼしてしまう。

組織の進むべき方向が曖昧な状況は最悪である。

そもそも、**リーダーは「やった感」をいちいち出す必要はない。**

あくまで主役は、リーダーの下で働く人たち。

サッカー部監督である私でいえば、主役はサッカーをやる選手たちなのだ。

その現場に「達成感」をもたらすことが重要なのである。

それを忘れてはならない。

ほかにも、リーダーに向いていない人の特徴がある。

以下に、箇条書きであげるので、自分に当てはまってしまう項目には、十分気をつけてもらいたい。

・待たせることに罪悪感のない人
・仕事、作業の優先順位に鈍感な人
・仕事をためることが習慣になっている人
・仕事にスピード感のない人
・会話でもメールでも、聞かれたことに対して明確な回答ができない人
・チャンスに対して鈍感な人、チャンスと感じない人
・研修会・講習会への参加は積極的だが、現場の問題解決には消極的な人
・インプットにしか興味なく、アウトプットのスキルアップに拘らない人
・どんなときでも効率化と具体性を考えられない人
・人を理解しようとしない人

・人との交流より、自分一人のときが好きな人
・理由をつけてよく休む人
・閉塞した状況を変化・解決させられない人
・正義感のない人
・犠牲心のない人
・人をイライラさせることに何も感じない人
・リスクを計算できない人
・人との交流にこそ、リーダー力向上の秘訣があると知らない人
・誰が自分を向上させてくれているのか、認識していない人
・時間の使い方が下手な人
・時間をかけて仕事をする人

とくに、**仕事が遅く、無駄も多いリーダーは致命的**だ。

時間をかけて仕事をすることに何の抵抗もなく、目的の本質を理解していないから、無駄な作業をひたすら必死にやるのである。

彼らは限られた時間の使い方を計算できない。

結果的に、**周囲からは信頼も期待も得られず、生産性を上げることはできない。**

もちろん、感動も感謝も生むことはできない。


だが、面白いことに、**リーダーに不向きな人に限って、このことに気付いていない。**

むしろ、リーダーらしい仕事をしていると思ってしまっていることさえある。

このタイプが多い会社は、残念ながら「時間」と「賃金」の浪費を覚悟しなければならない。

リーダーとしての「器」を広げ成熟させるために

自らの意思で犠牲を払って得た情報もなければ、運命を賭けたチャレンジをして屈辱や挫折も味わったこともない「自称」リーダーが、すべてわかったフリをして、冗舌な「評論家」を演じ、現場のタクトを華麗に振り回すという滑稽なシーンをよく見かける。

真のリーダーを目指したいのであれば、挫折や失敗を恐れず、自らの足で歩き回り、自らの目で「本物」を見てほしい。

そこで感じた「感覚」を一つひとつ大切に積み上げ、現場で活き続ける「リーダースキル」を身につけてほしい。

挫折や困難から這い上がり、何もないところから苦労に苦労を重ね、険しい道のりを歩むことで、リーダーとして現場で妥協することなく生き抜くスキルを習得できる。

つまり、**誰でもそう簡単に身につけられるものではない**ということだ。

こういうことを伝えると、「挫折や失敗など、あえてストレスを生じる経験は、しないにこしたことはないのではないか？」と考える人もいるだろう。

だがそれは違う。

では、**なぜリーダーには、挫折や失敗の経験が必要なのか**。

それは、過去の挫折や失敗した経験を根拠に戦略を練り、組織を導くことができるからだ。

よって組織におけるリスク回避の感覚は、ここから育つだろう。

過去の経験は、自分の血となり肉となり絶対的な「生きたデータ」となる。

そういう意味では、天才は有能なリーダーにはなれないのかもしれない。

彼らは「感覚的成功体験」が多すぎる。

勝負の世界では、「自分ならできる」「必ず勝つ」とポジティブシンキングやプラス思考を求められることもあるが、それは**根拠があって成立するもの**だ。

決して自分自身を強引に奮い立たせ、あえて自信過剰にさせることではない。

それは、ただの能天気だろう。

それに、挫折を経験したことがないリーダーは、部下や仲間たちが挫折したときに、一体どういう声をかけてあげるのだろうか？

憶測や推測でしかアドバイスできず、**その言葉は相手に響かない**だろう。

「偉そうなこと言ってるけど、この気持ちは理解できるはずないし、何を根拠に言っているんだろう？」とかえってイラ立たせてしまうかもしれない。

「頑張ったけど残念だったな」といった、誰でも言えるような同情の言葉も、相手は望んでないだろう。

もちろん本を読んで知ったことや、誰かから聞いた話を伝えることはできるだろうが、それは**コピーや伝達、代弁でしかない。**

相手の心に響くことはないだろう

今の若い人たちは、挫折や苦労を嫌がる。

苦労を排除する社会になってきているとも感じる。

だからこそ、本校のサッカー部では選手たちに、**あえて「我慢」や「辛抱」を与える機会を作っている。**

許される範囲での「理不尽さ」は有益になると捉えなければならないと思っている。

その他にも、気候などの地理的な問題、移動距離の問題も含めて、本校はサッカーをやるのに恵まれていない部分があるかもしれない。

しかし、それが今の子供たちを鍛え育てるにはいい環境になっていると、私は強く思っている。

中学、高校といった若いうちから「苦」「難」に対しての免疫をある程度つけておかなければ、大学や社会に出てからさまざまな弊害に直面したとき、それを乗り越えられる強い精神力が育まれておらず、もっと苦労することになる。

人は必ず人生の壁にぶつかり、もがき苦しむもので、過去の「苦」「難」の経験値が、そこを乗り越えるための「人生の肥やし」となるのだ。

私が高校生の頃は、時代が時代だったということもあるが、監督や先輩に怒られるときは、当たり前のように殴られ、蹴られた。

正座させられ、先輩からボコボコにされるのが日常茶飯事だった。

今では考えられない時代だが、どこもそんなもんだったと思う。

制限だらけの生活環境や、理不尽な練習なんて当たり前。

辛く厳しい、本当のどん底も味わった。

何度も逃げ出したいと思ったが、逆にその環境が、私の負けず嫌いの性格に火をつけたのは間違いない。

今では、あの苦しい経験が私の絶対的な自信となっている。「あの中でやってこられたのだから、恐れることは何もない。どんな逆境でも乗り越えてみせる」と強く思えるほどだ。

リーダーの「器」は、経験と挫折と共に、時間をかけて大きく成熟していくものなのである。

感謝の心を持てない者は
リーダーの資格も
成長もない

このチームで、この組織で、この会社で、この世の中で、自分が何らかのかたちで関わらせていただいている以上、**何ごとに関しても「当たり前」の感覚は持ってはならない。**

権利やルール、システム、約束だからといって、組織や社会の規約や原則だったとしても、「当たり前」という態度や思考は認められるものではないと思っている。

なぜなら組織は、一人ではないからだ。

組織やチームである以上、お互いが助け、助けられているのだ。

そんな相互の関係が成立している以上、そこに**絶対的な「感謝の心」を持たなくてはならない。**

約束や規約であっても、仲間に迷惑をかけない心配りや気配りは、社会人として何よりも大切なスキルである。

それに、感謝や敬意を表せないのなら、初めから人のお世話になるべきではない。

散々お世話になっておきながら、その人の態度や行動が横柄ならば、与えていただいたすべてのものを辞退すべきであろう。

恩恵をうけた以上は、感謝の意を持ち続けてほしい。
それが当然の習わしだと感じてほしい。

リーダーであれば、このことを年齢に関係なく組織に浸透させなければ、やがて「わがまま」で「バラバラ」な組織になり、崩壊は免れないだろう。

それを理解し、一人ひとりが遵守する姿勢であることが、勝ち続けるチームに繋がってくるのだ。

そのことを知っている組織は、多少のことでは壊れたりしない。

ある企業の話だが、会社の代表権を親子間で争い、結果的に娘が創業者である父から代表権を奪い取った。

それからしばらくワンマン経営を試みたが、会社の業績はさらに悪化。株主に謝罪することになった。

ワイドショーでも話題になったので、記憶に新しいことだろう。

これは、組織を作り上げてきた恩人への感謝がなかったゆえに起こったことだといえる。

そもそも、会社や組織には必ず創業者や創設者がいる。

実績のある会社ならばとくに、ゼロから作り上げてきた「生みの苦しみ」が存在する。

それを思えば、先人たちの努力や苦労は想像に難くない。

彼らは組織を発展させるために、血のにじむような思いで勇気ある行動をしてきたはずだ。

そこには絶対に、人生や命を賭けた覚悟があった。

そんな先人たちの歴史を把握しようともせず、少しいい成果を生み出したからといって、自分に力がついたと感じ、勘違いしてしまう人が多い。

そういう人は、「あの人はもう古い」「自分が組織を変えてきた」「自分の力をもっと評価してほしい」など、いまの結果や成果を、すべて自分の功績に書き換えてしまう。

だが、先人の「生みの苦労」がなければ、今の自分など存在しない。

にもかかわらず、こういう人に限ってそんな恩を忘れ、先人の苦労話や助言などには一切興味を持たず、自惚れというエゴを前面に押し出し、周囲に自分の力を見せつけようと必死に動き回る。

「自信」と「過信」は紙一重なのだが、こういう人間の行動は、おもしろいように不誠実さを語り始めてしまう。

そういった勘違い者は、大きな問題に直面したときに、太刀打ちできなくなる。それは、ネットワークの差であったり、周囲からの信頼の差だったり、責任感の差、危機管理の差、忍耐力の差、挫折経験の差、勝負勘の差、語彙力の差、世間からの信用の差、などいくらでもあるだろう。

いくら背伸びをしても、もがいても、反発しても、「人間力」の差として、生みの苦しみを経験した先人を越えることは絶対的に難しいのだ。

そうした先人たちとの決定的な差は、俗にいう**「三つの目」**が欠けていることに尽きる。

三つの目とは、俯瞰して物事を全体から見る「鳥の目」、現場に接して細かな目線で状況や環境を見る「虫の目」、そして潮の流れを読むように進むべき方向やタイミングを見る「魚の目」の三つだ。

この総合的な見識の力量がないから勘違いするのであり、何か問題が起こったときには手も足も出なくなる。

そもそも周囲から認められて選ばれたリーダーであるなら、困ったときに周りの人たちが力を貸してくれるものだ。

一つの目標のために、いかなるときも周囲を気遣い、尊重し、支えてくれた仲間を裏切らない行動の積み重ねがあったリーダーであるならば尚更である。

だから、次世代を担うリーダーには必ず知っておいてもらいたい。

ゼロから何かを生み出すことが、どれだけ大変なものであるのか、を。

いくら優れた能力があっても、この経験がない者には、歴史や伝統を上回ることはできない。

そして、どんな素晴らしい結果を出そうが、先人たちを軽視することは、周囲からの評価を最も下げる行為であることを認識してほしい。

くり返すが、あくまでも評価は他人がするものであり、自分がするものではない。リーダーは、周囲からリーダーとしての資質の有無を常にみられていることを、もっと自覚するべきであろう。

「素直な心」「誠実な態度」「敬意」「感謝」これらを持ち続けられる者のみが、真のリーダーとして新しい歴史を刻んでいけることになるのだ。

リーダーが
やってはいけない
仕事を自覚せよ

リーダーは、リーダーとしてやるべき仕事をやればいい。

あとは役割分担をして、ほかの人に任せることが大事だ。

トラブル回避や仕事の効率化を考慮して、最初から自分でやったほうが「ミスはない」と思い、何でもやってしまうリーダーがいる。

人に頼んで、いらない気を使うくらいなら「自分でやってしまったほうが楽だ」という感覚だ。

しかし**それでは、組織の成長は期待できない**だろう。

そもそも組織とは、それぞれの役割を全うすることで伸びていくものである。

各担当者が、責任をもってさまざまな局面を乗り越えていくことによって、成長していく。

たとえ優秀なリーダーであっても、そのリーダーの力だけで結果をだしている組織は、リーダーを失った瞬間、すぐに「低迷」や「衰退」への道を辿ってしまうだろう。


リーダーにしかできない仕事は多い。

それ以外は、できるだけ部下に任せるのがいいだろう。

部下にとっても、仕事で達成感を得たり、責任を感じながら仕事をしたりすることは大きなやりがいになるのだ。

ちなみに、青森山田のサッカー部では、部を大きく五つのカテゴリーに分け、別々に練習をしている。

Ａチーム…全国高校サッカー選手権大会やプレミアリーグＥＡＳＴに出場するチーム

Ｂチーム…プリンスリーグ東北や東北主要大会に出場するチーム

Ｃ１チーム…青森県リーグ一部に出場するチーム

Ｃ２チーム…青森県リーグ二部に出場するチーム

Ｃ３チーム…リーグ戦に登録していないチーム

（他には、国体メンバーなど期間限定で一年生が多く所属するチーム）

学年は混合で、実力でカテゴリー分けをしている。

本人の努力次第では昇格もするし、逆に降格することもある。

チーム内では日々熾烈な争いが繰り広げられている。

このカテゴリーの中で、私が関わるのはAチームがメインではあるが、常にBチームの選手にも注目しながら、カテゴリーの入れ替えを促している。

そして、Bチーム以下のカテゴリーに関しては、各コーチ陣に指導、采配を任せている。

ちなみにコーチは、チームごとの専属となっているため、選手のように、コーチがAチームから他のチームに異動するようなことはない。

ただし、青森山田のいいところは、すべてのコーチが、中学・高校の垣根を越えて、いつでもピンチヒッターとして指導に関わることだ。

時間が重ならないときは、トップチームの指導にも関わり、自らの指導スキルを向上させるために勉強することも恒例となっている。

ピラミッド状の組織構成にしたのも、私一人では、中高三〇〇人の生徒を見ることができないのはもちろんのこと、子供たちと年齢が近いコーチのほうが思考や感覚も似ているので、選手一人ひとりのフォローはコーチ陣のほうが適していると思ったからだ。

また、私は二〇一六年からは青森山田中学校の教頭（現・副校長）を任されることになり、中学校の改革を率先してやる立場になった。

もちろん今まで通り部活動には重きを置くが、できるだけ優秀なコーチの力を借りるようにしている。

そして、**各コーチ陣に威厳や責任感を持たせるためにも、私が前面に出て、何から何まで口出しすることは極力控えている。**

総監督のような立場から全体を見守るようにしているのだ。

すべてにおいて威厳を持ち、熱心にやってくれているコーチを素通りし、私がすべてのカテゴリーの選手たちに直接アプローチしていくことは、組織の活動意欲を削ぎ、モチベーション低下に繋がってしまう。

選手たちは、コーチ陣の言うことをいずれ聞かなくなるだろう。

また、時としてコーチが厳しく指導をしている場合には、最後に私が多少空気を緩和させ、話に深みを持たせながら鋭く言い聞かせることもある。

反対に和やかな雰囲気のときは、最後に私が危機感を漂わせて締めたりして、状況におけるバランスもコントロールしている。

締め続けるだけでは心に響かないし、また緩みっぱなしでも緊張感が失われてしまうのである。

このように、仕事を分担し部下に任せることで、彼らコーチ陣に、**「自分は重要なポジションを任せていただいている」という自覚と責任を**持たせることができるのだ。

組織を効果的にマネジメントするには、「緊張感の緩急」や「組織全体の気概」を巧みにコントロールしていくことが最も重要なのである。

組織内トラブルの原因は
リーダーかもしれない

組織内で起こる問題やトラブルには、さまざまなものが存在する。

上司や部下との意見の食い違いから、取引き先からのクレーム、または労働時間や給与の問題、人間関係の揉め事、長期において溜まり続けた「負の遺産」のように根深いものまで、こればかりは数えきれないだろう。

すでに気づいているかもしれないが、**その原因が「じつはリーダーだった」なんてことはよくある話。**

人に対しての好き嫌いが激しく、自分の好まないことや、自分の考えと反対の意見には容赦なく抵抗する。

売り言葉に買い言葉、いつでも自分のエゴを優先する。

その判断と行動には、組織をうまく統率するための協調性や犠牲心などは存在しない。

立場の弱い者に対しては強く攻撃し、立場の強い者には常に顔色をうかがい意見や提案もできない。

根拠のない自信とプライドが、組織の「やる気」を削ぎ落としていく。

先入観でしか物事を評価せず、他人の評価は信用しない。

その反面、機嫌のいいときはとにかく調子がいい。

どんな仕事でも狂ったように何でも引き受け、いくらでも動く。

周囲の注目を浴びて一気に評価を上げようとする。

悲しい現実ではあるが、皆さんの周囲にはそんなリーダーや指導者はいないだろうか。これは少し極端かもしれないが（笑）。


組織における問題やトラブルには必ず、目に見える「現象」と、それを引き起こした「原因」が存在する。


その「現象」に対し、イラ立ちから徹底的に他人を攻撃し、自らのストレスを発散すると同時に、その人の意欲まで消滅させてしまう事例を見ることがある。

自分の都合のいいように表現し、大袈裟に危機を煽る。

信じられないが、それがリーダーとして絶対的な「仕事」や「権威」だと勘違いしている者がいるようだ。

リーダーは、原因を究明し、起こった問題の「根本」を知り、そのときの思考や判断、発言や行動を見直す必要がある。

一方的に他人の責任を追及したり、厳しく攻撃したり、また些細な問題をさらに複雑化させる必要などないのである。

組織としてリーダーに求めたい適切な作業とは、問題が発生する予兆を察知し、「予測力」と「勘」を活かして、事前にトラブルを回避することではないだろうか。

この「危機察知能力」を持たないリーダーがいる組織は、やはり問題やトラブルが頻繁に起こってしまう。

トラブルを引き起こす前に、その予兆となるものがあったにもかかわらず、それに気づけなかったり、気づいたけど特に重要視せず放置してしまったり、また誰が原因かは知っていたけど他人事として捉えていたり。

崩れる組織とはそんなもんだ。

こんな状況下で**リーダーがやらなければならない仕事**をもう一度確認しよう。

一、「同じ失敗をしないこと」

二、「小さな問題を軽視しないこと」
三、「失敗の原因を組織に共有させること」
四、「この失敗を無駄にせず、次なる成長に繋げること」

これに尽きるはずだ。
それ以外のパワーを加えることは、組織にとって何のプラスにもならないということを認識すべきだろう。

組織は「生き物」であり、日々、その「姿」「表情」を変える。
いつ、どんなときでも変化していくものであることを知っておいたほうがいい。
昨日は良かったものが、今日も良いとは限らない。
今日が良いからといって、明日も良いとは限らない。
それが組織というものだ。

組織は日々「変わり続けるもの」ということを想定して、リーダーは組織マネジメントしていかなければならない。

その「術」を身につけなくてはならない。

いつまでもいい状態は続かないし、良いことも悪いことも、良いときも悪いときもある。

優れた組織マネジメントとは、「悪い状態」を継続させないためのスキルだと思っていい。

終章　あらゆる組織を改革する

真のリーダーはどんな組織でも改革する

前にリーダーの仕事は改革職だと話した。

最後に、私が**サッカー部以外で試みた改革**について話をしようと思う。

私はサッカー部の監督ではあるが、同時に青森山田中学校の副校長も務めていて、中学の組織内マネジメントをある程度任されている。

もちろん他校のサッカー部監督でも、同等の改革職を担いながら活動している方たちもいる。

遡ること二〇一六年。

青森山田中学校の改革を期待され、私は教頭に任命された。

その当時、本学園では、中学校の運営に関わる評価は低く、少しお荷物的に見ていた人は内部にも多かったかもしれない。

その上、学校として現状を改善させ、意図する成果を残すためには、**計り知れないほどの改革が必要と見られていたはずだ。**

実際には「教育方針」や「教育ビジョン」「学校の魅力づくり」など、外部に発信するための策がうまく練られていない印象をうけた。

生徒のために先生たちは、一生懸命頑張っていたのだが、**組織を発展させていくために最も重要な「チームワーク」がうまく噛み合っていなかった。**

現状を受け入れざるを得ない切ない気持ちと、悪い流れを断ち切れないもどかしい気持ちが、空気として重く漂っているように感じた。

また、県全体として子供の数が減っていることも重なり、定員割れは避けられない状態だった。

私自身、もともと高校の職員だったこともあり、中学校の経営や運営にはあまり興味がなかったというのが本心である。

中学の必要性すら感じていなかったかもしれない。

しかし突然、そんな私が、中学の現状を改革するためのリーダーとして任命された。

経営陣の意図はわからないが、**結果を出し続けているサッカー部の組織マネジメントや、当時、中高サッカー部員二七〇人を超える生徒募集のノウハウを、学校現場で発揮させてほしかったのかもしれない。**

サッカーをする上においては決して優位とは言えない、本州最北端の青森県。

だが、九州・沖縄県から入学してくる生徒もいるほどの魅力を定着させた。

約二五年前、私が監督に就任したとき、三年生が抜けた新チームの部員はたった一八人しかいなかった。

その時代を考えれば、本当に考えられないほど変化したものだ。

ちなみに中学のサッカー部に、教え子である上田大貴を監督として招聘してからは、目まぐるしい活躍を見せ、二〇一二年、二〇一四年、二〇一五年、二〇一六年、二〇一七年に全国中学校サッカー大会で優勝（四連覇）、二〇一八年、二〇一九年は準優勝という偉業を残している。

中学、高校ともに、私の教え子たちがコーチとして大きく成長してくれた。

高校のヘッドコーチを任せている正木昌宣は、私の右腕として、ともにチームを支えてくれている。

みんな本当にありがたい存在になってくれた。

話を戻すが、中学校舎に行くまで、私は大きな勘違いをしていた。

中学に生徒が集まらないのは、「先生たちの意識が低いからではないか？」と思っていた。

しかし、それはまったく違った。

いざ先生たちの仕事を見てみると、誰もがとても頑張っていて、生徒たちのために毎日夜遅くまで残り、本当に一生懸命に取り組んでいたのだ。

非常に心が痛かった。


「この頑張りを無駄にしてはいけない。この状況を何とかしてあげたい」

知らない者、見ていない者がリーダーとして、物事を上の立場から発言していくことの「恥」を、世の中のリーダーは自覚しているのかと、そんな感情が反省とともに湧き出てきた。


このとき私は、まず、今までどこにも届かなかった先生方の声を、高校はもちろん学園全体に届けようと思った。

みんなの希望を取り戻したかった。

私は根っからの負けず嫌いであり、心に火がついた瞬間でもあった。


「絶対に変えてみせる」「中学が学園をリードする」「中学組織をチームにする」

それが改革のスタートだった。

どんなことでも力になりたいと、全体にはカッコよく「何でも相談してほしい」と言ってみたものの、**最初の頃はほとんど相談されることもなく、素通りされることが多かった。**

まだこの組織のリーダーとして受け入れられていないのか、このスタイルが組織の習慣として根付いてしまっているのか、それとも、私が相談しにくい空気感を作っているのか。

さまざまな状況を考えざるを得ない日々を送っていた時期もある。

そんな複雑な心境を抱えながらも、自分の信じた改革を着実に進めていった。

私が最初に実践したのは、まずは内部で抱えていたさまざまな問題や悩みを一つずつ解決していくことだった。

「こんなところを修繕してほしい」「職員室にこんなものが欲しい」「中学のここがいいところだと思う」「この教科の先生が足りない」など意見や要望、習慣などを聞き出していった。

そして、やれることから少しでも解決してあげたいと思い、動いてみた。

大きなものとしては、文武両道をより高いレベルで構築するために、**スポーツコース**を**廃止**したことが挙げられる。

中学生のうちからスポーツに特化しすぎる必要はなく、部活動を頑張る子供でも、もっと勉強にも全力で取り組ませたほうがいい。

社会に出たときに無知な人間になってほしくない。

そんな思いから、たとえば中長期の休みのときは、部活動の前後に最低二時間以上の勉強会の時間を設けさせた。

二〇一九年のゴールデンウイークには、十連休中六回以上の「勉強会」を実施した。各部活動の顧問が中心となり実施するが、ここに教科の先生も加わり、生徒にとって充実した学習の積み上げ時間が確保できたのではないだろうか。

勉強に取り組む習慣を定着させることの意義を、みんなに感じてもらいたかった。

勉強習慣を身につけ、文武両道を確立して中学を卒業していく生徒たちのために、**その受け皿となる高校のカリキュラムの変更も積極的に提案**させてもらった。

高校には複数の学科やコースがあり、その中に「スポーツコース」がある。

そして、このスポーツコースの中に「アドバンスクラス」という積極的に難関大学進学を目指す、いわば特進コース寄りのクラスを新設しようと考え、動いた。

その他、「スタンダードクラス」と「キャリアアップコース」も新設することになった。

また、**青森山田の「生まれ変わり」をテーマに掲げ、あまり人気のなかった制服の一新を図った。**

先生仲間とチームを作り、今のトレンドを重視しながら、オシャレで話題性のある制服に変更したのだ。

中には「制服を変える必要はない」という反対の声もあったが、制服が学校の人気を左右する重要な要素であることを感じて動いた。

私は、サッカー部の遠征や合宿を通じて全国各地の学校を訪れる機会が多く、感覚として各学校の制服データやイメージがあった。

そんな長年の知識を前面に押し出し、またデザイナーや制服チームとの相談も交えながら、中高女子用の可愛らしい制服が誕生した。

自分の趣味といったらそれまでだが、かなり気に入っている（笑）。

ちなみに本校の生徒に、フィギュアスケートの本田真凜が在籍しているのだが、彼女が新しい制服を着ていた写真が、「制服もスゴイ可愛い」と、インターネットで話題になった。

我々の想いが詰まった制服が、全国に発信され好評を得られたことはとても嬉しく、真凜ちゃんには心から感謝したい（笑）。

改革は制服だけでない。

校内の意識改革、学校案内のパンフレットやポスターの作成、学校説明会の計画と実施、また資格や検定の取得に積極的に挑戦させるなど、先生方の力強い協力もあり、少しずつ魅力的な学校組織になるよう努めてきた。

結果を重ねるごとに組織の団結力は強固になっていく。

一つひとつの小さな成果の積み重ねが達成感を生み、少しずつだが組織は動いていった。

仲間意識が芽生え、組織の明るい未来が見えてきたとき、「希望」と「気概」を持って組織は目まぐるしい成長をみせた。

このように、組織に起こるさまざまな危機を、スピーディーかつ簡潔に解決させていくことは、リーダーとして絶大な信頼を得ることになる。

これはリーダーの重要な仕事であり、ひたすら危機から逃げ、問題を解決しようとしないリーダーは、すべての信頼を失うことになるだろう。

組織マネジメントというものは、部活動であっても、学校であっても、会社であっても本質は変わらない。

その中で**リーダーは改革者であり、バランサーであり、裁判官である。**

どんな組織であろうと、リーダーの手腕によっては、必ず改革することはできるのだ。

おわりに

二〇一七年一月九日、全国高校サッカー選手権で初めて優勝したとき、「果てしなく長い暗黒のトンネルを、ついに抜け出すことができた」と思った。

毎年のように優勝候補として名前を挙げられるも、肝心なところで結果が残せず、「青森山田は、この先も選手権で優勝できないのではないか？」と、ささやかれることもあった。

しかし、この指導方針は決して間違っていなかったのだ、この道で正しかったのだ、と監督業二二年分の答え合わせができたような気がした。

だが、その安堵感はすぐに消え、再びトンネルに入り、プレッシャーと闘う日々が訪れた。

一度優勝すればいいというものでもない。

翌年には、次の学年の子たちの新チームとなり、彼らはまた優勝を目指して、日々のトレーニングを積み重ねていく。

そのためには監督として一つの手抜きも、一瞬の油断も許されない。

監督業には、終わりがないのだ。


時々、優勝した選手と一緒に私も卒業したいと思うことがある（笑）。

毎年、毎年、さすがに疲れる。

精神的にも肉体的にも、キツイ仕事だとつくづく思う。

しかし、青森山田の指導を求めて、親子で覚悟を決め、遠方からでも入学してくる子が大勢いる。

そんな子供たちのためにも、指導を続けなくてはならないと思っている。

夢や希望を諦めさせたくもない。

責任の重さを感じれば感じるほど、指導者の辞め時は難しいものだ。

しかし年齢的にも、いつかやってくる引き際について考えなくてはならない。

まだサッカーのない生活は想像できないが、「監督、後継者の育成もよろしく頼むよ」と言われることもたまにある。

たしかに絶対的なリーダーに頼りっきりの組織は、突然リーダーを失ったとき、誤った方向にいくことがある。

高校サッカーで常勝校だったチームも、監督が変わった途端、まったく勝てなくなってしまった、なんてことは通常のことである。

すべての責任は監督が負うのは当然だが、もしもの時に備えて、替えの利く存在もいなくてはならない。

そうはいっても、勝負勘であったり、哲学や感性であったり、細部のマネジメントであったり、そういう感覚的なものは、教えようと思ってもなかなか教えられるものではないだろう。

感覚とは、人生を懸けて挑戦した経験や、多くの人々との出会いを通じて得た刺激、さらには視覚や嗅覚、味覚、聴覚、触覚などの五感をフル活用し、考察することによって磨かれるものである。

それを考えると、やはりリーダーは育てるものではなく、自分から意欲的に行動し、それが周囲から認められて初めてなれるものだと思う。

監督業は、資格やライセンスを持っているからといってできるものではない。

ただし、本校の教育指導、戦略というものは、コーチ陣にしっかり浸透し、理解されてきていると思っている。

あとは彼らコーチ陣が自覚し、自らの意志で改革し、発展させ、みんなの期待に応えられる最高のリーダーになってもらいたいものだ。


他校の名将の中には、七〇歳を過ぎても続けている人もいれば、コーチ陣にその座を譲り渡し、世代交代をはかっている人もいる。

以前、そういった先輩方に引き際について相談したことがあるが、みんな決まって「やりたいと思っている間は、絶対にやめないほうがいい」とおっしゃっていた。

簡単な答えだが、奥が深いと感じた。

年齢や体力など、そういった理屈を超えた問題なのだと思った。


全国にいる多くの指導者たちが、どこまでも続く出口の見えない暗く長いトンネルの途中で諦めてしまう。

もしくは定年を迎えて、光を見ることが叶わないまま、別の道を歩まざるを得ないことになる。

私が二二年でトンネルを抜けて光を見られたのは、かなり早いほうだろう。名将中の名将と呼ばれる人たちでさえ、初優勝を果たすのに三〇〜四〇年もかかっていることもある。

もちろん監督に就任して数年で頂点に立った人もいる。けれど、そういう人は二度目にはなかなか辿り着けていない。

私は二度もあの景色を見られたことは幸運だったのかもしれない。


毎年年末に選手権が開催されることもあって、妻や息子や娘たちと一緒にクリスマスを過ごしたことも、年末年始をお祝いしたこともない。本当にたった一度もない。盆や正月、夏休みも冬休みも、部員やコーチと過ごした記憶しかない。

部員の夢や将来に携わっている以上、その責任はやむを得ないと思うが、練習や遠征、大会で休暇がほぼ取れないので、家族との娯楽を楽しむ時間すら作ってあげられない。

父親として、他の家庭の父親と同じようなことは満足にやってあげられなかった。

そんな子供たちも、もう大学生。家を出た子供たちが、遠方から見る父親の「勝負に賭けた生き様」を、心から理解してくれていることを願って止まない。

家族との時間を犠牲にすることはもとより、辛いことも本当に多かったが、リーダーという仕事に対して、それ以上にやりがいや責任を感じている。

それを理解し、支えてくれている家族には、本当に感謝している。

だから優勝したときは、家族に対して少しでも恩返しができたのではないかと思う。

私は次のトンネルに入る。

優勝したときに一瞬だけ見える、あの光を求めて。

巻末特典　真のリーダーに求められるスキル

【情熱】

目的や目標を達成するため、組織や選手のために何を犠牲にしてでも、自分のすべてを捧げる覚悟や勇気があるか。組織を本気にさせるには、自らの本気を行動で示していかなければならない。

【決断力】

二者択一の状況下で、組織・個人の成長や発展、リスクを考え、根拠や説得力を持って即座に決断できる能力が必要。その決断に周囲が従うには、日々の信頼関係の構築が重要となる。

【忍耐力】

苦難や困難が伴うことを十分承知した上で、目標や目的を達成させるために耐え、我慢や辛抱する精神を持ち、チャンスや運気を我慢強く待ち狙うことができるか。研ぎ澄まされた勝負勘を発揮するために忍耐がある。

【判断力】

究極の判断を求められるさまざまなタイミングにおいて、チャレンジすることの意味や目的に準じて、有効で改革的な選択ができるか。その判断は常に「目標達成」からの逆算でなければならない。

【論理力】

リーダーとして一番重要なスキルは「伝える力」であり、習得した知識や教養がこれを上回ることはない。より具体的に嚙み砕き、相手に理解しやすいように伝えることが大切である。難しい言葉や新しく得た情報を引用し、あえて理解しにくく伝えるのは、伝える側の自己満足といえよう。

【指導力】

指導力とは導くための力量のことで、教える側の一方的な感情や満足感で成立するものではない。教わる側の理解度や納得度、実践値と成果によって測られるべきものである。組織やチームで常に結果を出せるリーダーは「指導力に優れている」と言えるが、周囲から「指導力がある」と言われているリーダーがいつも結果を残せるとは限らない。「小さな頃から長年やってきたから」「プロとして何年もやってきたから」だけで有効な指導ができるほど、指導の世界は甘くない。単に「教える」ことはできても「指し示し導く」ことは極めて難しく、責任ある作業である。決して「教える側」の一方的な感情では成立しない。また、無責任な関わりは「教わる側」の人生を狂わすことも知っておかなければならない。リーダーの指導力次第で、結果や成果は大いに変わるだろう。

【説得力】

説得力とは、話す内容や具体性、論理性だけで発揮される力ではない。話し手の誠実さや姿勢、態度、身なりや行動によっても大きく左右される。そこに相手からの尊敬が成立しているか否かが、より説得力を高める。発声のトーンや話し方によっても大きく変わる。

【行動力】

自らが掲げた目標に向かって、積極的かつ率先してやり抜く姿勢が大切。あらゆる苦難や困難にも臆することなく、仲間を信じ、組織を信じ、徹底して行動していくことがリーダーに必要な行動力ということになる。

【実行力】

過去のデータや明確な根拠をもって、計算された戦略を掲げて動いていくスキルを指す。経験が必要な能力。現場ではリーダーの実行力の差が、勝負の明暗を分けることになるだろう。

【マネジメント能力】

組織やチームを運営・強化していくにはさまざまなリスクを伴う。大きな組織で大きな成果を求めれば求めるほど、その危機は大きくなる。常にその危機を察知しながら事前に対処したり、大きな問題に発展する前に水面下で困難を回避したりと、率いる組織の発展に関わるすべてを円滑にコントロールする感覚とテクニックは、リーダーとして特に重要な能力となる。ここには「分析力」と「判断力」も必須だ。

【リーダーシップ】

「マネジメント能力」の中に含まれる要素も多いが、主に部下やスタッフのような人に対して発揮されるもの。彼らの自主性によって優れた判断と行動を生み出せるようにリーダーが導いていき、大きな成果や結果が期待できる強い組織にしていかなければならない。

【コミュニケーション能力】

自分の意見や感想、意思や意向を的確に伝えたり、快く聞き入れたり、相互の理解を深めることはリーダーにとって絶対的な役目であり、得意、不得意では避けられない重要な仕事であることを自覚しなくてはならない。優れたリーダーは、「厳しさ」と「愉快さ」を巧みに操る。

【演出能力】

リーダーの言葉は重くなくてはならない。一方的な感情を押し付けたり、リアリティーのない説明を繰り返しても、組織として良い結果は期待できない。組織一人ひとりの能力や特徴を引き出しつつ目的を達成させるためには、時として役者になり、自分の設定さえ変化させていかなければならない。

【謙虚さ】

「控えめ」でも「遠慮」でもない。誰とでも分け隔てなく接し、どんなことでも快く聞き入れ、自らを謙遜しながらも決して偉ぶらず、言うべきことは的確に伝えるスキルである。相手を不快にさせることなく、相手を認め、自らも認めてもらうことが重要である。

【誠実さ】

学ぶ心は「教える側」と「教わる側」共に必要な姿勢であるが、相互の心の態度や歩み寄りがその距離を縮める。真心が感じられ、嘘のない素直な関係を築けることがリーダーとしての「誠実さ」といえる。

【オープンマインド】

どんなときでも、人の意見や提案を清らかな心で聞き入れる。心の扉は閉ざさず、また相手との間にある壁も自分から取り除かなければならない。他の意見を自己の意思決定の材料にすることのできる心の余裕が、リーダーとして人の心を引きつけるのだ。

【政治力】

ここでいう「政治力」とは一般的な政治手腕ではなく、組織において責任あるポジションを任せられている者が、自らの立場や権限を有効利用し、裏での根回しや、相手の立場や状況に応じた巧みな駆け引きを用いて、日々起こる問題を解決に導くことである。

【社交性】

社会は、人と人との繋がりで成り立っている。人との関わりは避けては通れない。誰とでも分け隔てなく付き合うことができ、好き嫌いなく会話や仕事を共有できなければならない。交友関係が広く、人脈も広い人物の性格や行動は「社交性」に富んでいるといえよう。

【オリジナリティー】

人の真似ごとで、人の心を動かすのは難しい。常に新しい発想、自己流のプロセスが新しい成果を生む。コピーは所詮コピーであって、勝つことはあっても、勝ち続ける組織を作り上げることはない。多くの情報量を持つことで新しい発想は生まれてくるだろう。

【精神力】

スポーツの世界において「心」「技」「体」の育成や強化は、基本的な考え方の一つであるが、中でも「心」の鍛錬には苦痛や我慢を伴うものだ。精神はあらゆる活動のベースとなり、これを育てず、真の育成は存在しない。

【勇気】

実行するのも諦めるのも勇気が必要だが、その決断のすべてに気概が感じられないものは「勇気」とはいえない。「恐怖」や「悲劇」「不安」に打ち勝つためのスキルであり、心の前進の有無が、リーダーの資質向上に深く関係してくるのだ。

【表現力】

組織のリーダーの仕事は、自分の思考や方針を組織内で的確に「伝える」ことだが、最も重要なのは、実際に「伝わったか」どうかである。表現は自由で、伝え方に正解はないが、表現力が高いリーダーほど伝え方に長けているといえる。話に引き込ませるテクニックの有無は、組織内の「理解度」に関わってくるだろう。

【冷静さ】

組織を発展させるためには、時として想定外のことが起こる。過去の経験においてカバーできるものもあれば、そうでないものも存在する。どのような状況でも自分を見失わず、的確な判断と冷静な立ち振る舞いで組織をバタつかせないことが大切であり、いかなるときも平常心を装うのがリーダーである。

【交渉力】

組織の活動のなかでは、さまざまなトラブルや、意見の食い違いが起こってくる。利害関係が発生し、適正な関係が維持できなくなる場面は多々あることだ。そこでリーダーは、論理的思考やコミュニケーション力を発揮し、互いに反発なく歩み寄る協力関係を構築させられるかが手腕の見せどころだ。

【人脈】

人と人との繋がりは一朝一夕で広げられるものではない。人を呼び込む「運」と「タイミング」を熟知し、そして人の心を動かし、興味をもたせる魅力的な人間性を磨いた者だけが、多くの「人脈」を得ることになる。そんなリーダーは各方面へのネットワークを持っているが、これらの能力に長けているからだ。逆に有効な人脈を持つことに興味を示さないリーダーや指導者が、大きな権限を持ち周囲を動かすことは難しい。

【経営能力】

組織の衰退、会社の業績悪化、チームの低迷は、社長やリーダー、監督の経営能力、指導能力の低さの表れといえる。社員や部下、スタッフのストレスを誘発させ、不安や危機に導く先導者ともいえるだろう。方針や理念が曖昧で、組織内に浸透させることもできず、漠然と自分勝手に動くタイプは、リーダーには向かない。良いときも、悪いときも、組織が上向きになるよう舵を取れる力が重要である。

【統率力】

リーダーたるものは、集団の先頭に立ち、常に最適な判断や意思決定、行動が求められる。統率するということは、仲間の特徴や能力、性格や成長に合わせて適切な距離感、指導スタンスを保ち、うまくコントロールしていかなければならない。

【調整力】

ここでは運動におけるコーディネーション能力とは別で、仕事上での調整力を指す。多くの仕事を抱え、時間的苦労や精神的に病んでいる人も多いだろう。作業能力に長けた者は、仕事の優先順位を絶対に間違わない。ここに調整スキルが求められるのだ。一度に複数の仕事をこなせること。そしてすべてが俊敏でスピーディーであることが重要である。柔軟性がなければ、ひたすら辛い作業に追い込まれるだろう。

【プロモーション能力】

組織やチームの価値やステータスを、いかに高めたり広めたりできるか。チームの魅力を効果的に外部に発信していくことも、リーダーの仕事である。組織の価値を上昇させ、ブランドを構築していけることは、素晴らしい能力だといえよう。一生懸命頑張ったという個人的な感想から生まれるものは何もない。

【バランス力】

実際には能力があるのに、周囲から評価されない人に欠落しているのは「バランス力」である。ところどころでは素晴らしい発想や行動で最適な仕事ができていても、リーダーとして組織全体の良し悪しを見極め、大きな視点や感覚で仕事ができなければ、組織全体からの評価は上がらないだろう。

【デモンストレーション能力】

「百聞は一見に如かず」という言葉があるように、長時間を要して説明しても伝わりにくい状況では、実際に見せ、自らの感覚でイメージさせることが大切である。時間を無駄にせず、物事を有効に理解させるための伝達スキルである。

【チーム愛】

「愛国心」や「母校愛」「郷土愛」があるように、「チーム愛」がなければ組織が太い絆で結ばれることはない。常日頃、自分が成長させていただいているチームへの感謝の有無だ。「チーム愛」はチームの土台であり、メンバーの心の拠りどころにもなる。チームが勝つためのパワーの源はここから生まれる。

【グローバルスタンダード】

「井の中の蛙、大海を知らず」とは、自分の狭い見識に捉われず、さらに広い世界を知ること、視野を広げることが大切だということ。まさにリーダーにも必要な知識や教養として、世界基準を知っておくことは必要だ。

【哲学】

自らの人生観や探究心を持つことはとても重要で、経験から得た知識や情報から、あらゆる理念や信念が芽生えることがある。組織においては、自らの「哲学的思考」をもとに改革していくことは、有効な手法の一つでもある。根拠を確実に積み上げた結果、徐々に説得力を伴い発信されていくものであり、他人とは違う意見や思考だからといって、格好よく「俺の哲学」ということにはならないので、間違わないようにしてもらいたい。

【思考力】

組織、チーム、社会、周囲で過ぎゆく何気ない生活の中から、頭で何かを、思考・考察・探求したことを、自らの一つの考えや教えとして、新たな道を示していくのも、リーダーとして必要なスキルである。しかし常に「考える習慣」がなければ、有効な「思考力」は育たない。「習慣」として「考える力」を鍛え、組織で「論理的思考力」として発揮されなければならないのだ。

【信頼感】

組織やチーム、仲間から信頼を得られないリーダーは、現状として「裸の王様」と似ているのかもしれない。周囲の期待に応えずして信頼は生まれない。リーダーは「期待を裏切らない」「問題を解決する」「組織の危機を救う」このことをくり返すことで、周囲からの信頼を得ることになるのだ。

【ディベート力】

知識や教養、理論や戦略を持っていても、時として空気感や状況推察において敏感に反応し、与えられた立場や状況の中で、的確な言葉を発していかなくてはならない。周囲の意見も尊重し、物事を客観的に捉え、協調性をもって臨機応変に対応できる能力が必要である。強い「根拠」と「説得力」が周囲を納得させるであろう。

【運営能力】

組織運営全般を考えた場合、リーダーにはさまざまな高いスキルが要求される。目標や目的に応じて、計画的に成果を残していかなければならない。活動自体のクオリティーを落とすことなく、改革・発展・向上・育成・気概などの意識を上げていく必要があり、これらをスタンダード化させていくことが組織運営の大きな「幹」となる。

【ユーモア】

リーダーは「厳しさ」と「愉快さ」のギャップをうまく操らなくてはならない。「ユーモア」とは、ただ単にふざけることや、バカをやることではない。心を操るテクニックの一つとして捉えることが正しいだろう。意図をもってその場の空気を明るくし、人の心を和ませ、緊張から解放させるスキルといえる。

【戦略家】

経営戦略、チーム戦略、組織戦略など、それぞれの組織が大きな成果を得るためには必ず戦略が重要になってくる。そこでは誰が立案し決定するのかが、成功に向けての大きなポイントともなる。リーダーや指導者は、どんなときでも戦略を練り、実行するための「思考」と「戦術」を持ち続けなければならない。

【人間的魅力】

人から愛されたり、可愛がられたり、好感をもたれたり、憧れられたりと、なぜか人が集まり、注目されるタイプの人間が存在する。これは無意識に周囲に発している興味のツボを感覚的に知っているからだ。その人間の性格や行動自体に魅力がなければ、リーダーとしても期待できないだろう。

【プレゼン力】

組織における方針や提案、戦略や戦術、魅力や特徴など、自分の思考していることは、上司や部下、選手や生徒、客やクライアントに的確に伝えていかなくてはならない。その際、どれだけ相手に伝わったのか、その理解度が希薄なリーダーは、組織内では空回りはもちろん、良い相談相手にもならないだろう。何気ない会話やメールでも、主語や目的、意図を意識せずに返答し、相手を困惑させるタイプの人間は、リーダーや指導者として、混乱や誤解は避けられない。

【アイデア】

思いつくことには、大抵、根拠があるだろう。それは情報の有無である。組織において頻繁に新しい発想やイメージを提案できるリーダーは、情報量に溢れているからである。根拠や情報も無いのに「いいこと思いついた！」は、ただの能天気なだけで、信用性は極めて低い。アイデアを多く持つ人材がいる組織は「夢」が育まれているといっても過言ではないだろう。

【気概力】

組織の前進や発展には、困難や苦悩が付きまとうものだ。予期せぬトラブルや状況の変化、面倒な問題にも屈することなく立ち向かっていく精神が必要である。気概に満ちたリーダーこそが組織の危機を救い、円滑な流れを導いてくれる。組織における重要な人材であり、組織の発展はこの手腕にかかっている。

【イノベーター】

組織には時代やトレンド、戦略に応じて刷新していかなくてはならないものがある。マンネリや時代おくれの慣習から抜け出せない組織に大きな発展は望めないだろう。組織のリーダーは「革新的思考」と「革新的行動」から、「飛躍の扉」をこじ開けていかなくてはならない。

【転換力】

年数が経つと、その組織には「悪い習慣」が根付いてくる。人間は楽で便利な方向に意識や行動が流れる傾向にある。「方向転換」「配置転換」「気分転換」を意図的に仕掛け、組織の活性化を促す機会を窺っていくこともリーダーの仕事である。大切なのは、その「タイミング」と「効果」に根拠を持つことだろう。

【友情】

一生涯の友人はいるだろうか。男女ともに異性ではなく同性の友人が必要である。人間は一人で生きていくことはできない。少なからず人の手を煩わし、人に迷惑をかけながら、周囲に生かしていただいていることを忘れてはならない。信頼を寄せる友人を持てないことは不幸であり、友人のいないリーダーなど適任ではない。

著者紹介

黒田剛（くろだ・ごう）

1970年、北海道札幌市生まれ。

青森山田高校サッカー部監督、青森山田中学副校長。

登別大谷高校（現 北海道大谷室蘭高校）、大阪体育大学体育学部卒業後、ホテルマン、公立高校教諭の経験を経て、94年に青森山田高校サッカー部コーチ、翌年、監督に就任。監督歴25年で40人以上のJリーガーを輩出している高校サッカー界屈指の名将。

豪雪地帯という厳しい環境の中で毎年、全国トップクラスの成績を維持し続け、過去に5度の全国制覇を成し遂げている。著作に『勝ち続ける組織の作り方』（キノブックス）がある。

2016年：高円宮杯 JFA U-18サッカープレミアリーグ2016 チャンピオンシップ・優勝。第95回全国高校サッカー選手権大会・優勝
2018年：第97回全国高校サッカー選手権大会・優勝
2019年：高円宮杯 JFA U-18サッカープレミアリーグ2019 ファイナル・優勝

常勝チームを作った　最強のリーダー学

2020年2月10日　初版第一刷発行
2024年7月1日　　　第四刷発行

著　者　黒田剛

発行者　工藤裕樹

発行所　株式会社工パブリック
〒174-0063　東京都板橋区前野町4丁目40番18号
TEL 03-3965-5101
FAX 03-3965-5105

発売　株式会社サンクチュアリ・パブリッシング（サンクチュアリ出版）
〒113-0023　東京都文京区向丘2-14-9
TEL 03-5834-2507
FAX 03-5834-2508
印刷　三共グラフィック株式会社
製本　株式会社セイコーバインダリー

ISBN 978-4-8014-9801-3